Christian Hennecke
Kerstin Knöchelmann
Christine Petrowski
Angelika Röde

Einfach Erstkommunion feiern

Erstkommunionvorbereitung unter veränderten Voraussetzungen

DON BOSCO

Gerne nehmen wir Ihre Anregungen, Wünsche, Kritik oder Fragen entgegen:
Don Bosco Medien GmbH, Sieboldstr. 11, 81669 München
Servicetelefon: (0 89) 4 80 08-341

Bibliografische Information der Deutschen Nationalbibliothek

Die Deutsche Nationalbibliothek verzeichnet diese Publikation in der
Deutschen Nationalbibliografie; detaillierte bibliografische Daten sind
im Internet über http://dnb.d-nb.de abrufbar.

1. Auflage 2010 / ISBN 978-3-7698-1800-0
© 2010 Don Bosco Medien GmbH, München
Umschlag: Manfred Lehner, Blue Cat Design
Umschlagfotos: Manfred Lehner (oben, Rückseite),
Martin Klopprogge, Hildesheim (unten)
Layout und Illustrationen: ReclameBüro, München
Bildnachweis: S. 8: Christine Klopprogge, Hildesheim
         S. 32, 42: Hartmut Volkmann, Hildesheim
         S. 60: Susanne Veltmaat, Hildesheim
         S. 113/114, S. 130: Angelika Röde, Hildesheim
Produktion: Don Bosco Druck & Design, Ensdorf

Gedruckt auf umweltfreundlichem Papier.

Inhalt

Vorwort

Wir waren ein Team – ein Dreamteam. Es gehört zu den seltenen, aber wunderbaren Erfahrungen, wenn man auf Menschen trifft, mit denen ein gemeinsames Beten, ein gemeinsames Hinhören und ein gemeinsames Handeln möglich ist. Hier wurde es uns geschenkt – und wir konnten deshalb für einige Jahre miteinander einen neuen Weg der Vorbereitung auf die Erstkommunion gehen.

Der Ausgangspunkt ist bekannt: jedes Jahr Erstkommunion, in jeder der Pfarreien. Jedes Jahr „the same procedure": Elternabende vorbereiten, Katecheten und Katechetinnen suchen, Angst vor den mühsamen Prozeduren der Vorbereitung der Feiern, die Katechesen – und am Ende ist man erschöpft. Vorauszusehen war auch: Es wird komplizierter.

Aus dieser Erfahrung heraus kamen wir ins Gespräch und in immer tieferes Nachdenken. Die Entwicklung und Konzeption einer mystagogischen Sakramentenpastoral im Bistum Hildesheim gab wichtige Hinweise: Sollten wir nicht einfach einmal ausprobieren, was hier – in Anlehnung an die Perspektiven des Erwachsenenkatechumenats – angeregt war?

Ganz einfach ist das nicht. Man muss viel lernen, viel falsch machen und mutig bleiben. Und so war uns klar, dass wir hier nicht einmal etwas versuchen, was dann sofort perfekt ist – sondern wir haben uns auf einen Wachstumsweg gemacht: Immer wieder saßen wir zusammen und haben miteinander reflektiert und weiterentwickelt. Ein Abenteuer, dessen Ergebnis hier vorliegt und das im Jahr 2002 begonnen hat.

Ist ein solches Konzept auf andere pastorale Gegebenheiten übertragbar? Ganz gewiss – aber es setzt ein gehaltvolles und geistliches Miteinander des Teams voraus. Denn die einzelnen Entwicklungsschritte sind entscheidend. So kann die Darstellung unseres Weges zur Erstkommunion zum Ausgangspunkt eines eigenen Prozesses werden – das wäre eigentlich das Schönste: dass Leserinnen und Leser inspiriert werden und am Ort, an dem sie leben und handeln, den eigenen Weg entdecken und entwickeln.

Das Buch eignet sich also nicht für ein Abkopieren, sondern für ein Nach-denken der Wege und ihrer Gründe, die wir gegangen sind. Vieles mag hilfreich sein – und kopiert werden. Noch wichtiger ist aber: sich einlassen auf die Glaubenssituation der Menschen um uns – und den gemeinsamen Weg entdecken, der zur Kommunion führt. In dieser Leidenschaft fühlen wir uns mit den Leserinnen und Lesern verbunden

Hildesheim im November 2009
Christian Hennecke, Kerstin Knöchelmann, Christine Petrowski und Angelika Röde

WEITERGABE DES GLAUBENS IM UMBRUCH

EINBLICKE IN DIE DAUERBAUSTELLE DER ERSTKOMMUNION

Gerade im Feld der Glaubensweitergabe und noch einmal besonders bei der Vorbereitung der Erstkommunion wird der fundamentale Umbruch deutlich, in dem unsere Kirche sich befindet. Zum einen lässt sich eine hohe Qualität der didaktisch-pädagogischen Materialien erkennen, zum anderen rückt die hohe Kompetenz der Katechetinnen und Katecheten und ihr intensives Engagement sofort in den Blick. Und dennoch bleibt am Ende zuweilen eine frustrierende Erfahrung katechetischer Ohnmacht übrig: Bei aller Mühe, bei aller Methodenvielfalt, bei allem Zeugnis und allen Versuchen der Glaubensweitergabe wird deutlich, dass zwar Kinder und ihre Eltern einsteigen und sich auf den Weg des Glaubens einlassen – dann aber ebenso schnell wieder verschwunden sind, wie sie kamen. Das fällt nur deshalb nicht auf, weil die nächste Jahrgangskohorte wieder vor der Tür steht.

Die Frage, die sich immer stellt, ist: Machen wir es richtig oder falsch? Könnten wir mehr bewirken an Glaubenswachstum? Warum können wir nicht mehr an Kontinuität im Glaubensweg erreichen? Die Antwort auf diese Frage hängt entscheidend davon ab, wie wir – nicht nur in Sachen Erstkommunion – die Situation des Übergangs einschätzen: Messen wir sie an Erfahrungen und Paradigmen der vergangenen milieukirchlichen Gestalt, oder erkennen wir eine neue Situation, die dann allerdings auch unsere weithin an klassischen Paradigmen orientierte Erstkommunionpastoral in ein neues Licht rückt?

Zwei Bilder können vielleicht fokussieren, was gemeint ist.
Szenario eins: Erstkommunionvorbereitung in der Postmoderne ist wie Skifahren auf der Grasnarbe: sehr schwierig. Wir sind als passionierte Skifahrer (Katecheten) mit dem besten Material (Know-how der Programme) ausgestattet und wir selbst sind auch gute Skifahrer – aber: Es fehlt der Schnee. Versuchen wir also dennoch das Skifahren, stellen wir schnell fest, wie mühselig es ist, auf der Grasnarbe voranzukommen. Das Bild ist verständlich, es macht schnell deutlich, dass der Kontext sich vollkommen geändert hat, während wir immer noch mit verschiedenen Wachsen die Ski gleitfähiger machen wollen. Vergeblich. Was ist zu tun?

Tragikomisch ist auch der Blick auf den Sketch „Dinner for one". James, der Miss Sophie bedient, fragt schon am Anfang: „The same procedure as last year?" und hört die routinierte Antwort: „The same procedure as every year". Während am Tisch schon keiner mehr sitzt, außer eben Miss Sophie, wird doch weiter durchgezogen, was immer üblich war. Und auch wenn die Getränke und die Speisen lecker sind – all das führt nur dazu, dass sich der Diener in die Trunkenheit hineinarbeitet. Auch hier: Wenn der Kontext sich ändert, dann kann man eigentlich nicht so weitermachen wie bisher – und es reicht auch nicht, das Design zu ändern. Es braucht eine grundlegende Vergewisserung und eine neue Weise jenseits des bisher Selbstverständlichen.

10 *Aber das fällt offensichtlich nicht leicht. Und häufig ist es so: Lieber macht man tragikomisch weiter als sich zu befragen, was angesichts veränderter Rahmendaten sinnvoll wäre. Das gilt auch für die Katechese. Deswegen braucht es zunächst einen deutenden Blick auf die Situation des Umbruchs, in der unsere Kirche steht, um in einem zweiten Schritt anhand von Aufbruchserfahrungen sinnvolle Wachstumsfelder der Glaubensweitergabe zu bestimmen. Schließlich gilt es, dies auf die Frage der Kommunionvorbereitung zu entwickeln.*

Den Übergang verstehen –
das Ende einer milieuhaften Gestalt des Christseins

Seit inzwischen fast 50 Jahren lässt sich statistisch mehr als deutlich der Umbruch erkennen. Die vorliegenden Zahlen machen deutlich, dass Kernindikatoren wie der abnehmende Gottesdienstbesuch auf eine kontinuierliche Auflösung einer Kirchengestalt und eines Modus des Christwerdens verweisen, der vielen mehr als geläufig war und zuweilen immer noch ist. Die zunehmende Individualisierung und Wahlfreiheit in Sachen Glauben, sowie die zunehmende Mobilität und die Möglichkeit, die eigene Biografie frei zu gestalten, führen zu einer langsamen Verdunstung christgläubiger Selbstverständlichkeit und ihrer sozialkontrollierten Kirchengestalt: Während der christliche Glaube geradezu sozial vererbt und so, in einem stützenden Milieu, an die nächste Generation weitergegeben wurde, verändert sich mit der Auflösung seiner milieuhaften Einbindung der Modus der Glaubensweitergabe fundamental.

Noch einmal konkret: Nicht nur, dass in einem christlichen Milieukontext der Glaube selbstverständlich war, es gab auch keine Alternative zu einer zumindest minimalen und formalen Praxis. Der sonntägliche Kirchgang und die schulunterrichtliche Einführung in den Glauben begleiteten die jungen Menschen. Der zentrale Ort der ersten Einführung in den Glauben war jedoch die Familie, in der es eine Grundeinigkeit über die Fragen des Glaubens geben sollte – Mischehen waren nicht ideal. Auf diese geringstenfalls formal vollzogenen Selbstverständlichkeiten achtete „man" und ein Nichtbeachten war sanktionierbar. Aber: Die Bemühungen der Familie waren gestützt durch das soziale Setting im Nahraum (auch in der Diaspora) und versprachen Erfolg.

Hier fand in den Familien und in ihrem Umfeld in der Tat Initiation statt: Menschen, Kinder, wuchsen wie selbstverständlich in eine christliche Grundpraxis hinein. Das Gebet in der Familie, die religiöse Feier der Festtage, die Selbstverständlichkeit einer geprägten Volksfrömmigkeit gab den Kindern eine Gestalt und Fassung ihrer Religiosität. Sie erlebten eine „Wolke der Zeugen" in Verwandtschaft und Kirche und orientierten sich an ihnen. Dies prägte den christlichen Glauben grundlegend. So zumindest im idealen Fall, den wir hier reflektieren.[1] Deswegen konnten in diesem Kontext sakramentale Feiern wie Taufe, vor allem aber Erstkommunion und Firmung mit relativ geringem Extraaufwand vorbereitet werden: Es war klar, dass fast alle schon über eine entsprechende Praxis des Glaubens verfügten. Und wie ein Kind mit sechs Jahren schulreif war, so waren auch alle Kinder „kommunionreif" und „firmreif" in einem je nach Zeitsituation unterschiedlich bestimmten Zeitpunkt.

Die Gleichung galt: Wer erwachsen wird, wird Christ. Und einmal erwachsen geworden, war man auch katechetisch geprägter und in einer habituellen Praxis gereifter Christ, der sich nun in den verschiedenen Gruppen und Verbänden einer Gemeinde engagieren kann.

Mit der leisen Auflösung dieser selbstverständlichen Gleichung ändern sich die Kontexte des Christwerdens und des Christbleibens fundamental. Christwerden wird unselbstverständlich, Kirche leben ebenso.

Das macht die derzeitige Situationsbeschreibung an Hand von gewohnten Indikatoren so ambivalent: Wenn seit den 1960er-Jahren jedes Jahr die Zahl derer, die Gottesdienst mitfeiern um 0,5% sinkt, könnte das auf einen großen Glaubensabfall hindeuten. Doch ist das wirklich so? Lassen sich Gottesdienstfeiernde einer sozialmilieugeprägten und kontrollierten gesellschaftlichen Kirchenwirklichkeit wirklich vergleichen mit den Christinnen und Christen, die heute bewusst und häufig angefochten zur Kirche gehen, um Gottesdienst zu feiern? Ist nicht die selbstverständliche und nicht hinterfragbare Praxis des „Gottesdienstbesuches" (horribile dictum!), die darüber hinaus kaum vermeidbar war ohne soziale Sanktionen, nicht nur quantitativ sondern auch qualitativ etwas anderes als heute? Werden hier nicht Äpfel mit Birnen verglichen? Und ist das rituelle Wehklagen über sinkende Zahlen wirklich berechtigt? Ist die Zahl von 8 bis 15% Mitfeiernden unter den Bedingungen radikaler Diaspora wenig oder viel?

An diesem Beispiel ist deutlich zu sehen, wie „schräg" Beurteilungen der Veränderungen sind, nehmen sie nicht ernst, wie radikal sich der Kontext des Glaubens verwandelt hat oder doch dabei ist, sich zu verändern.

Ein Gefüge ist zerbrochen

Sehr viel radikaler gilt dies für die Frage der Glaubensweitergabe. Hier sind die massiven Verwandlungen des Kontextes noch wesentlich deutlicher zu beobachten. Ein Gefüge ist zerbrochen. Katholische Glaubenssozialisation setzte in Zeiten selbstverständlicher und milieuhaft geronnener Christlichkeit und Kirchlichkeit mit Recht auf

12 die Familie als „ecclesiola" und damit als Ort primärer Glaubensverkündigung – dies wird ja in jeder Taufe deutlich und macht sie zuallererst möglich, wenn die Eltern öffentlich erklären, dass sie bereit sind, ihr Kind im Glauben zu erziehen. Dabei standen die Eltern aber nicht allein. Zum einen war Familie nicht die isolierte Kleinfamilie, sondern eingebunden in ein großfamiliäres Netz, zum anderen befand sich die katholische Familie in einem Netzwerk katholischer Akteure: die konfessionellen Kindergärten, die Schulen und der Religionsunterricht, die Pfarrei – häufig in einer milieuhaften Atmosphäre, die einen selbstverständlichen Lebensraum des Glaubens versprach.

Alle Komponenten dieses Netzwerkes haben sich fundamental verändert: Angesichts der Personalisierung und Subjektorientierung der Glaubensentscheidung wird es immer unwahrscheinlicher, dass ein Ehepaar dieselben religiösen Grundüberzeugungen und eine ähnliche Glaubenspraxis hat. Das bedeutet eine völlig veränderte Diasporasituation, die schon innerhalb der Familie beginnt und sich nach außen multipliziert. Hinzu kommt eine gesellschaftliche Unselbstverständlichkeit des Glaubens, die in den vergangenen Jahren dazu geführt hat, dass sowohl die gesellschaftliche als auch die gemeindliche Einstellung zum Christwerden einen hohen Pluralitätsgrad hat: Ein homogenes Glaubensmilieu gibt es nicht mehr in der Gesellschaft und auch nicht in der Pfarrgemeinde.

Damit zerbricht die Gleichung Erwachsenwerden heißt Christwerden zugunsten einer neuer Konfiguration und Gestalt der Wege des Christwerdens. Und das nicht seit gestern: Es ist schon seit den 1960er-Jahren nicht mehr selbstverständlich, Christ zu werden und Christ zu bleiben.

All dies ist ansichtig: In inzwischen jeder Altersgruppe, auch bei den Älteren, sind Menschen in der Minderheit, die ihren Glauben durch die Mitfeier des Gottesdienstes bezeugen. Christen befinden sich heute in einer konstitutiven Diaspora.

Ein Rettungsversuch: die Gemeindetheologie

Die Veränderung ging nicht unbemerkt vorüber. Seit Ende der 1960er-Jahre reagiert die katholische Kirche programmatisch auf die Auflösung der Milieus. Sie tut dies zunächst durch die Gemeindetheologie. Faktisch versucht diese ein eigenes Glaubensmilieu zu schaffen, das in einem Binnenraum jene milieuhaften Konstitutionsbedingungen des Glaubens rekonstruiert, die bis in die 1950er-Jahre hinein so erfolgreich waren: Wer mitlebt und seine Zeit im Gemeindebinnenraum gestaltet, der „erlebt Gemeinde": Es ist die große Zeit des Integrationsgedankens, der auch heute noch nachwirkt. Wie können wir durch vielerlei Aktivitäten, die zuweilen bis zur Selbstverleugnung den Glauben aus dem Blick verlieren, Menschen in einem Milieu binden und damit zum Glauben führen. Wir müssen sie – gemeint sind immer noch die Kinder und Jugendlichen – „abholen" und integrieren. Zugleich mit dieser Entwicklung wird die Katechese in diesen Binnenraum

Die missionarische Leerstelle

Bevor wir uns aber den neuen Herausforderungen der Weitergabe des Glaubens in einer Kirche im Übergang stellen können, braucht es noch einen wichtigen Hinweis: Bischof Dr. Joachim Wanke (Bistum Erfurt) beschreibt in seinem Brief an die Katholiken in Deutschland [4] die „Schwachstelle" des deutschen Katholizismus nicht im Geldmangel oder im Mangel an Glaubenden, sondern im fehlenden Bewusstsein, wachsen zu wollen. Was Wanke hier richtig beobachtet, ist aber eigentlich logische Konsequenz eines kirchlichen Gefüges, das tendenziell alle möglichen Personen umfasste und dessen „missionarische" Grundtätigkeit in der Glaubenserziehung der nachwachsenden Generation bestand – oder aber in „Spenden für die Mission" in den Ländern Afrikas und Südamerikas. Von daher konnte die Gestalt des ererbten milieuorientierten Christentums keine missionarische Perspektive entwickeln, die im eigenen Lebensraum ein „Außen" des Milieus reflektierte. Hinzu kommt die gemeindetheologische Entwicklung, in der die Kirchengemeinde, als Binnenmilieu von den Lebenswelten der Menschen abgetrennt, oft nur noch einen partiellen Teil des Lebens umfasste, in der traditionelle Selbstverständlichkeiten weiterentwickelt wurden. Die Rede von der missionarischen wie diakonischen Ohnmacht der Kerngemeinden ist also vielfach geprägt – und ein Aufbruch so ohne weiteres nicht zu erwarten.

Weitergabe des Glaubens auf postmodernem Hintergrund

Ererbter Glaube, der letztlich alle als Christen umfasst, kann deswegen nicht angemessen auf die anstehenden Wandlungen der Weitergabe des Glaubens reagieren. Das lässt sich an drei Beispielen schnell erläutern.

Sakramentenpastoral im klassischen Sinne konnte nicht anders gefasst werden als eine traditionelle Jahrgangspastoral, die möglichst alle erfasste. „Alle erreichen" ist weithin das Motto – doch zugleich zeigt sich, dass dies keineswegs mehr generell gelingt und zwar auch gerade dann nicht, wenn im Interesse des Mitnehmens das Niveau der Katechese „abgesenkt" wurde. Die Frage der Integration – der Sakramentenpastoral eigentlich fremd – wurde so zum Herd immer neuer Enttäuschungen, weil die Erwartungshaltung der Kerngemeinde durch die nachrückende Generation gar nicht erfüllt werden kann. Es ist beeindruckend, dass seit mehr als 40 Jahren diese Erwartung negativ enttäuscht wird und sie dennoch tief in das kollektive Unbewusste der Gemeinde eingegraben ist.

Erst in den letzten Jahren wird deutlich, dass die Vorbereitung auf die Sakramente eigentlich eine lebensraumorientierte und lebenspraktische christliche Initiation in Familie und Nachbarschaft voraussetzt. Durch Kurse ist aber genau dieser prägende und oft über Jahre anhaltende Prozess nicht zu ersetzen. Kurse können höchstens erfolgte Initiationsvorgänge verdichten – oder sie auslösen. Wenn also über Sakramentenvorbereitung und speziell über Vorbereitung auf die Erstkommunion nachgedacht werden soll, ist diese veränderte Grundsituation ernst zu nehmen.

Ebenso deutlich wird dies im Blick auf die Erwachsenenkatechese. Sie fällt bisher häufig schlichtweg aus. Das hat ähnliche Hintergründe. Solange – wenn auch der Wirklichkeit widersprechend, aber nicht minder nachhaltig eingegraben – Erwachsene als grundsätzlich geformt gelten, braucht es eigentlich keine weitere Vertiefung des Glaubens mehr. Glaubenswachstum ist eine Kategorie der Kindheit und Jugend und keine lebenslange Suchbewegung. Doch genau dies ist heute der Fall. Das Sprichwort: „Was Hänschen nicht lernt, lernt Hans nimmermehr" ist durch die faktische Wirklichkeit überholt, spiegelt sich aber weithin noch im klassischen Kirchensetting.

Während so auf der einen Seite das spirituelle Bedürfnis der Glaubenden wächst und sich z. B. in der Erfolgsgeschichte der Exerzitien im Alltag niederschlägt, bleibt dennoch eine merkwürdige Hilflosigkeit und eine kaum zu deutende subtile Aversion gegen alle Versuche, Glaubenskatechese für Erwachsene und Weggemeinschaften des Glaubens zu installieren. Erst in den letzten Jahren setzt sich die Einsicht durch, dass das „Was" wie auch das „Wie" des Glaubens keineswegs selbstverständlich sind: Erwachsenenkatechese gewinnt an Kraft, nachdem über Jahrzehnte genau diese Perspektive fehlte.

Prüfpunkt ist auch die Frage nach dem Christwerden von Erwachsenen. Während in den USA und in Frankreich der Katechumenat aus unterschiedlichen Gründen zu einem Hauptweg der Initiation wurde, findet er sich in Deutschland seit langen Jahren in einem embryonalen Status. Und das hat gute Gründe. Lange Zeit war es kaum denkbar, dass erwachsene Deutsche nicht getauft sind. Wenn überhaupt, dann gab es wenige Personen, die ihrerseits in Konvertitengruppen „nachgeschult" wurden, um dann in die Gemeinden entlassen zu werden. Die gänzlich andere Logik des Erwachsenenkatechumenats konnte so nicht greifen. Die aktuellen Schwierigkeiten mit dem Weg des Katechumenats, dessen Logik immer noch nicht verstanden wird, deuten darauf hin, dass sich gerade im Katechumenat alle jene Fragen bündeln, die auf ein neues Gefüge des Christwerdens und Christbleibens hindeuten. Der Katechumenat verändert die Kirche in ihrer Gestalt – und deswegen braucht es viel Zeit, ihn einzuführen.

Noch einmal: Die Wahrnehmung dieses Umbruchs geschieht nicht in wertender Absicht. Weder ist das gewachsen-ererbte Paradigma gemeindetheologisch transformierter Christlichkeit „schlecht", noch kann irgendeine Schuldzuweisung der Sache gerecht werden. Dennoch gilt es wahrzunehmen, dass die postmoderne Gesellschaftssituation einen weitreichend transformierten Zugang zum Christwerden und Christbleiben verlangt.

Auch dies aber soll hier nicht konstruktivistisch geschehen. Auch hier soll genau hingeschaut werden auf die Zeichen der Zeit, auf Aufbrüche im Bereich der Weitergabe des Glaubens, um von diesen Wahrnehmungen her einige Konsequenzen für eine zukünftige Entwicklung der Weitergabe des Glaubens zu ziehen.

Hilfreiche Zeichen der Zeit

Im Blick auf die Weitergabe hilft die neue Typologie Christwerdender, die Herausforderungen in den Blick zu nehmen, die auf uns warten. Zum einen wird durch die vielen Menschen, die ungeprägt auf das Christentum und auf Christen treffen, die Herausforderung deutlich, immer stärker den Zeugnischarakter des Christseins zu profilieren. An den Orten des Lebens – den früher so benannten Orten kategorialer Seelsorge oder der Sonderseelsorge – findet ja schon länger der Dienst am Nächsten statt, mit Taten, mit und ohne Worte. Doch ist die Frage der Zeugenschaft nicht nur ein Thema professioneller seelsorgerlicher Dienste oder der Caritas. Noch viel stärker als bisher sind alle Christinnen und Christen zu befähigen, von ihrem Glauben Zeugnis abzulegen in ihrem Alltag, gerade auch mit Worten. Die Sprach- und Zeugnisfähigkeit für den eigenen Glauben ist deutlicher zu schulen. So stellen die „Pilger" eine Herausforderung an die Erstverkündigung dar. Die liebevolle empathische Offenheit für den Menschen, der uns begegnet, die vorurteilsfreie Wahrnehmung des Menschen und seiner Bedürfnisse und das Sich-an-seine-Seite-Stellen – alles, was im Bereich der Kategorialseelsorge ja Standard ist – ist eine Herausforderung an die Sendungsdimension der Getauften, die wir dann je mehr in den Blick nehmen können, je tiefer gläubige Christen in ihren Glauben weiter hineinwachsen.

Das gilt in anderer Weise auch für die „Konvertiten": Gerade dann, wenn Menschen eine tiefe Umkehrerfahrung in ihrem Leben gemacht haben und dem Gott Jesu Christi begegnen, suchen sie nach einer Glaubensgemeinschaft und nach Orten des Austauschs über diesen Glauben. Genau hier ist unsere Kirche zur Zeit sehr herausgefordert. Wenn seit den 1990er-Jahren durch Exerzitien im Alltag und weitere Impulse die Zahl der kleinen Glaubensgruppen stetig am Wachsen ist, wenn viele Einzelne – quasi als ekklesiale Elementarteilchen – oft mühselig und zuweilen vergeblich nach Orten gemeinsamen Teilens suchen, wenn gerade auch Neugetaufte keinen Zugang zu Kerngemeinden finden, dann wird deutlich, dass die Bildung von beziehungsreichen Glaubensgruppen nicht zum Extraprogramm in Kirchengemeinden zählt, sondern einen Normalfall christlicher Glaubensgemeinschaft bezeichnet.

Charismatisch und konservativ

Als scharfer Beobachter der weltkirchlichen Entwicklungen hat sich der amerikanische Theologe Philip Jenkins[5] einen Namen gemacht. Dabei macht er deutlich, dass die Wachstumsregionen des Christentums in der Welt vor allem im Süden der Welt liegen.

18 Bemerkenswert ist, dass zwei Charakteristika auf diese Wachstumsfelder zutreffen. Zum einen wächst Kirche dort, wo das Leben aus dem Glauben, die Erfahrung des Gottesdienstes und die Gemeinschaft des Glaubens charismatische Züge trägt – und auf der anderen Seite zeigen diese Wachstumsbewegungen eine konservative Konnotation. Hier ist – gerade auch im Hinblick auf die Frage nach der Weitergabe des Glaubens – genauer nachzufragen. Natürlich meint „charismatisch" nicht gleich „Zungenrede" und charismatische Gebetsgruppen, sondern vielmehr geht es um die wichtige Frage, wie ganzheitlich und mit innerlich geistlicher Kraft und Expressivität der Glaube gelebt wird. Die weltkirchlichen Erfahrungen bei den Weltjugendtagen und oft begeisternde Gottesdienste geistlicher Gemeinschaften und vor allem auch vieler freikirchlicher Gemeinschaften üben auf suchende Menschen eine enorme Anziehungskraft aus. Zu Recht, wenn gleichzeitig berücksichtigt wird, dass hier charismatische Persönlichkeiten von ihrer persönlichen Glaubwürdigkeit her einen Erfahrungsraum eröffnen und in ihn hineinführen. Die emotionale und geistbewegte Berührtheit fällt zuweilen in unseren Breiten schwer und auch der Besuch eines durchschnittlichen Gottesdienstes ist nicht dazu angetan, innerlich und äußerlich begeistert zu werden. Doch umgekehrt: Gerade Weltjugendtage, Erfahrungen in Taizé, aber auch bei Gebetsnächten wie Nightfever machen deutlich, dass eben auch Menschen unseres Kulturkreises diese ganzheitliche Glaubensweise ersehnen.

Ist im Blick auf die gefühlte Glaubenswirklichkeit das charismatische Element angesprochen, so kommt die Frage nach dem „Was" des Glaubens in den Blick, wenn von einer konservativen Zukunft der Kirche die Rede ist.

Gemeint ist hier dann nämlich nicht ein „Rechtsruck" des Kircheseins, sondern die einfache Frage, ob in den postmodernen Gemengelagen von vielen Suchenden eine klare, identische und dabei glaubwürdige Antwort und Rede gesucht wird. Auch das ist eine Erfahrung der Weltjugendtage, aber nicht nur dort. Wenn immer weniger Menschen über ererbte und selbstverständliche Grundlagen des christlichen Glaubens verfügen, dann erwarten heutige Pilger und Konvertiten, Vorkatechumenen wie Katechumenen zu Recht eine deutliche Auskunft. Wie überraschend war und ist es immer wieder für mich in den letzten Jahren gewesen, wenn Jugendliche bei Katechesewochenenden oder bei religiösen Fahrten sehr begeistert und interessiert auf grundlegende katechetische Themen reagierten. Natürlich hing das auch immer mit der Glaubwürdigkeit des Katecheten zusammen, aber nicht nur: Denn auch bei Firmvorbereitungen und in vielen Glaubensgesprächen ist mir begegnet, dass vor allem Suchende an Grundinformationen des christlichen Glaubens interessiert waren – und dabei ging es immer um elementare Inhalte. Wenn also in der katechetischen Landschaft in den letzten Jahren zunehmend von „Basics des Glaubens" und einer notwendigen „Elementarisierung" die Rede war, ging es um jene Antwort auf die charismatische und konservative Herausforderung, die auf die objektiven Ursprünge des Glaubens zielt. Dabei ist es eben wichtig, dass die rein subjektive und zuweilen in inhaltliches Nichts verdunstende Glaubensvermittlung zurücktritt hinter dem Wunsch nach bleibender Objektivität.

Die neue Bedeutung der Liturgie

Gerade dieses Ineinander von charismatischer und konservativer Zukunftsdimension ist eng verknüpft mit einem weiteren Zeichen der Zeit: mit der Sehnsucht nach einer mystagogischen Liturgie. Diese Sehnsucht ist eine offene Wunde und zugleich einer der deutlichsten Hinweise: Dort, wo Liturgie mystagogisch gefeiert wird, dort wo die Gemeinschaft der Feiernden und der Liturge es verstehen, durch die Feier der Liturgie einen Weg ins Geheimnis Gottes zu eröffnen, dort finden sich viele Menschen. Das Phänomen von Jugendvespern, aber auch die Erfahrung von Taizé wie der Weltjugendtage belegt dies genauso deutlich wie das Fehlen eben vieler Menschen, auch gewachsener Glaubender, an jenen Orten, wo Liturgie lieblos und ohne Tiefe gefeiert wird. Auch die Erfahrungen von liturgischen Feiern – und seien es ganz einfache – im Rahmen von Firm- und Erstkommunionvorbereitung sprechen hier deutlich: Die Kraft der Liturgie ist eine der bedeutsamsten katechetischen Entdeckungen. Es geht eben nicht darum, der Katechese in der Liturgie einen weiteren Raum zu geben, um sie gewissermaßen als Ort inhaltlicher Glaubensvermittlung zu nutzen, sondern die Feier selbst als einführenden Weg zu entdecken und zu gestalten.

Sehnsucht nach gelebter Kirche

Seit dem Sommer 2008 gibt es in Hannover das Projekt „soul-side-Linden"[6]: Mit diesem Projekt soll in verschiedener Weise versucht werden, Menschen zu erreichen, die entweder schon lange ihre christlich-kirchliche Verbindung gelöst haben – oder sie nie hatten. Entstanden ist dieses Projekt aus der Ahnung, dass die Kirche ganz neue Wege beschreiten muss, will sie einen Ort für die vielen Suchenden schaffen. Sehr überraschend ist nun aber die Auskunft, dass diese Suchenden eigentlich vor allem echte Glaubensgemeinschaft und tiefe Liturgie erwünschen. Diese „Summe" weist auf eine weltkirchliche Entwicklung der letzten Jahrzehnte hin: Vor allem in den Kirchen des Südens, aber auch in allen Freikirchen und neueren Aufbrüchen entsteht eine neue, eine existenzielle Kirchengestalt. Die Entwicklung der Basisgemeinschaften in Lateinamerika, die dann in der weltweiten Ausbreitung Kleiner Christlicher Gemeinschaften ihre Weiterentwicklung fand, antwortet auf die Sehnsucht nach einer Kirchenerfahrung im Nahraum und im Sozialraum; eine Erfahrung der Kirche, die Menschen existenziell um das Wort Gottes versammelt und die durch dieses Wort eine Sendung erfahren. Genau eine solche Kirchenerfahrung ist ja Antwort auf die prophetische Ekklesiologie des II. Vatikanums, die Kirche verstand als lebendige Erfahrung des Auferstandenen in der

Mitte seines Volkes und in einer existenzbezogenen Ekklesiologie des Leibes Christi – prophetische Intuitionen, die sich in den Worten Johannes Paul II. widerspiegeln, wenn er von einer „Spiritualität in Gemeinschaft" spricht, die den Erwartungen der heutigen Welt entspricht (Novo Millenio Ineunte 43)[7].

Ein übersehenes Zeichen: der Aufbruch der geistlichen Gemeinschaften und Bewegungen

Eines der wesentlichen Zeichen der Zeit sind ganz gewiss die geistlichen Gemeinschaften und kirchlichen Bewegungen. Diese charismatischen Aufbrüche vor und nach dem Konzil haben eine wichtige Bedeutung angesichts der hier beschriebenen Zeichen der Zeit und geben auch wichtige Hinweise im Blick auf die Frage der Weitergabe des Glaubens. Dabei ist allerdings selbstkritisch zu sagen: Gerade die deutsche Gemeindekirchlichkeit hat sich mit zuweilen selbstbewusster Arroganz, gepaart mit irrationaler Angst dem Phänomen der geistlichen Gemeinschaften und kirchlichen Bewegungen nicht wirklich gestellt. Sie erkannte in den zahlenmäßig kleinen Gruppen intensiv Glaubender eine Fremdheit, die leicht dazu führte, diese Gruppen und Gemeinschaften abzuwerten. Umgekehrt ist nicht zu leugnen, dass zumindest in den ersten Jahren manche der geistlichen Gemeinschaften ein elitäres Bewusstsein prägte. Doch die irrationalen Reaktionen vieler Gemeinden sprechen Bände: von selbstbewusster Weite und Ruhe keine Spur.

Nun sind geistliche Gemeinschaften keineswegs für die Gesamtkirche imitierbare Modelle und sollen es auch nicht sein. Es handelt sich vielmehr um eine Art „pneumatisches Zukunftslaboratorium" der Kirche, von dem aus bestimmte Entwicklungen für das Gesamt der Kirche prophetisch vorweggenommen werden. Schaut man mit der notwendigen Gelassenheit auf die geistlichen Gemeinschaften, dann wird leicht erkennbar, welchen großen Beitrag sie gerade im Blick auf die uns bewegende Frage leisten können. Zum einen ist in geistlichen Gemeinschaften und kirchlichen Bewegungen eine hohe Sensibilität dafür vorhanden, dass Christwerden und Christsein eine Frage der Berufung ist und deswegen auch eine existenzielle wie kognitive Einweisung in den christlichen Glauben nötig ist. Orden wie geistliche Gemeinschaften kennen Schulen der Jüngerschaft als konstitutives Moment für jedes Mitglied. Dabei stehen Erwachsene im Mittelpunkt. Damit ist auch gegeben, dass das Wachstum in den Glaubensweg hinein eine Frage der Biografie ist und mithin das persönliche Wachstum nicht in einen bestimmten Zeitraum abgegolten werden kann: Glaubenswege folgen nicht Terminen.

Klar ist aber hier auch, dass diese Glaubenswege eingebunden sind in existenzielle Erfahrungen einer kirchlichen Weggemeinschaft. Es ist schon interessant festzustellen, dass gerade die geistlichen Gemeinschaften und kirchlichen Bewegungen es sind, die sowohl diesen existenziellen Glaubensweg wie auch die existenzielle Weise des

Kircheseins mit ihren jeweiligen liturgischen, diakonalen und martyrialen Charismen verbinden können. Sie wären Orte, an denen man Wesenszüge einer Kirche der Zukunft ablesen kann, ohne dass daraus resultierte, dass man einer solchen Gemeinschaft beitreten oder sie etwa zu einem universalen Nachfolgemodell der Kirche erklären müsste. Es ist aber verwunderlich und pastoral nicht gerade weise, diese wichtigen charismatischen Hinweise des Geistes nicht zu beachten.

Auch und gerade deshalb könnte dies wichtig sein, weil sich besonders in den geistlichen Gemeinschaften eine Weise des Kircheseins präsentiert, die sich als Netzwerk kleiner Weggemeinschaften darstellt. So lässt sich verdeutlichen, dass die Wege des Christwerdens und die Weisen des Christbleibens und also die Frage nach dem Zusammenhang von Christwerden und Sozialgestalt in einem konstitutiven Zusammenhang steht. Und so kann auch erklärt werden, warum Menschen, die heute ihr Christsein entdecken, in den klassischen Kerngemeinden keine Heimat mehr finden – oder doch erst dann, wenn ihre Prägung des Christwerdens sich in der Bildung neuer Sozialgestalten des Christseins ausdrücken darf. Damit ist aber eine Pluralität ekklesialer Gestaltwerdung gegeben, die in den Kerngemeinden schwierig zu vermitteln ist.

---

[1]   Natürlich gibt es hier eine Geschichte der Traumata, aber die ist an diesem Ort nicht zu bedenken (und wird auch zumeist ausgeblendet).

[2]   Es ist also kein Wunder, wenn auch viele pastorale Akteure eher in der sogenannten Kategorialseelsorge ihre Heimat finden und die Kirchengemeinde eigentlich nicht vermissen – sie spiegeln damit die Menschen unserer Zeit.

[3]   Hervieu-Leger, Danièle , Pilger und Konvertiten. Religion in Bewegung, Ergon, Würzburg 2004

[4]   Zeit zur Aussaat – Missionarisch Kirche sein, Hrsg. Sekretariat der Deutschen Bischofskonferenz, Die deutschen Bischöfe 68, Bonn 2000, 35

[5]   Jenkins, Philip, Die Zukunft des Christentums. Eine Analyse zur weltweiten Entwicklung im 21. Jahrhundert, Brunnen Verlag 2006

[6]   Siehe die informierende Homepage www.soul-side-linden.de

[7]   Johannes Paul II., Apostolisches Schreiben Novo Millenio Ineunte, 6. Januar 2001

Zukünftige Weitergabe des Glaubens:

Das Grundmodell des Katechumenats

„Im Katechumenat bündeln sich viele Zukunftsfragen der Kirche", so äußerte sich Bischof Wanke am Ende des Katechumenatskongresses 2009 in Frankfurt. Das ist wahr. So ist es eine große Herausforderung, die Logik des Katechumenats in die Wege der Glaubensweitergabe hineinzudeklinieren. Die schon in den Veränderungen beschriebenen Kennzeichen einer neuen Weise des Christwerdens haben hier aus der Tradition der Kirche heraus eine Gestalt gefunden, die allerdings noch nicht zum pastoralen Habitus der Glaubensweitergabe gehört. Leider, denn dann könnte deutlicher auf die anstehenden Herausforderungen geantwortet werden.

Bedeutsame Veränderungen der Glaubensweitergabe seien hier stichwortartig benannt: Zunächst gibt es keinen standardisierten Zugang des Christwerdens mehr. Denn diejenigen, die sich auf den Weg des Glaubens machen, sind alle als Einzelne (und nicht in Jahrgangskohorten) unterwegs. Das bedeutet allerdings, dass die Zusammenführung von Katechumenen und Glaubensschülern in einem Kurs oder einer Gruppe immer nur eine Notlösung sein kann. Statt eines von Hauptberuflichen oder Priestern geleiteten Kurses sind individuell zugeschnittene Weggemeinschaften gefragt. Wer immer wieder darauf verweist, dass es solche Christgläubigen nicht in den Gemeinden gäbe, der täuscht sich wohl. Wahr ist jedoch, dass es zwar nicht mehr, aber auch nicht weniger Mühe als bisher braucht, sich auf eine solche veränderte Konfiguration der Glaubensweitergabe einzulassen. Die Suche nach Begabungen unter den Christinnen und Christen, die im Bereich der Glaubensweitergabe liegen, ist eine neue Herausforderung.

Wenn so auf der einen Seite der Weg des Glaubenswachstums gänzlich personalisiert wird, so ist doch auf der anderen Seite die Einbindung der Weggemeinschaft in den Weg der gottesdienstlichen Gemeinde ein weiteres fundamentales Merkmal des katechumenalen Weges. Die Feier der katechumenalen Liturgien mit der Gottesdienstgemeinde verbindet den persönlichen und gemeinschaftlichen Weg der Taufbewerber mit dem Leben der kirchlichen Glaubensgemeinschaft. Gerade hier geschieht zugleich Objektivierung des eigenen Weges wie auch mystagogische Vertiefung. Dabei ist klar, dass sowohl die Einführung in die Schrift wie auch Übernahme der Glaubenstradition der Kirche zum konstitutiven Inhalt einer Katechese gehören, die gelungene Glaubensschritte immer liturgisch zu feiern versteht.

Eine solche Perspektive der Glaubensweitergabe lässt sich Schritt für Schritt in alle Prozesse der Katechese übertragen. Es wird deutlich, dass immer wieder neu in einer doppelten Perspektive der Prozess der Glaubensweitergabe ausgerichtet werden müsste.

Zum einen erweist sich die Sehnsucht und das Interesse der Glaubensschüler als entscheidender Ausgangspunkt jedweder Katechese. Das bedeutet, dass es Orte des „Empfangs" geben muss, an denen Menschen ihr Interesse am Glaubenlernen äußern können. Es setzt von unserer Seite auch einen Mut voraus, solche Möglichkeiten zu eröffnen, mit jener „gratuité", die wir von der französischen Kirche lernen können – wie auch mit jenem Mut des „propose la foi", der unbefangen den eigenen Glauben ins Spiel bringt.

Zum anderen ist die Glaubensweitergabe keine kursorische Selbstverständlichkeit, sondern verlangt biografische Wege in Gemeinschaft, die nicht dann aufhören, wenn das Ziel der Taufe erreicht ist: Es gehört eben zur Erfahrung des Christwerdens, dass eine Weggemeinschaft des Glaubens kein Ende erreicht, sondern ein weiteres Wachsen kennt und kennen will. Die Sakramente stärken für diesen weiteren Wachstumsweg und beenden Etappen auf dem Glaubensweg, indem sie neue eröffnen.

Dadurch wird mehr als deutlich, dass der Schwerpunkt der Glaubensweitergabe in der Zukunft unserer Kirche nicht in der gewohnten Wiederholung sakramentalisierender Vorgänge gehört, die einen Anfang und ein Ende suggerieren, sondern in Wegen der Erwachsenenkatechese, die biografisch orientiert einen gemeinsamen Lebensweg des Glaubens eröffnen.

Pete Ward, anglikanischer Theologe am Kings College in London, eröffnet in seinem Buch „Liquid church" [1] über die zukünftige Entwicklung der Kirche einen Horizont, der gerade auch in unserem Kontext bedeutungsvoll ist. Er spricht von der zukünftigen Gestalt einer postmodernen Kirche als „verflüssigte Kirche". Wenn ein konstitutiver Zusammenhang zwischen Christwerden und Christbleiben sehr wahrscheinlich ist, dann bedeutet das für unsere zukünftige Entwicklung, dass in postmodernen Zeiten sich die Sozialgestalt der Kirche vervielfältigen wird. Neben der bisher fast monopolistischen Gestalt der „Pfarrgemeinde", die sich zentral um einen Kirchort bildete und die zum größten Teil aus Christen besteht, die den Glauben als Erbe übernommen und ausgestaltet haben, werden vielfältige Formen des Kircheseins entstehen, die sich um charismatische Persönlichkeiten, um Lebensräume und Lebenssituationen der Menschen herum bilden.

Wer mag, kann dies schon besichtigen: Orte des Kircheseins bilden sich in großen Städten wie Paris oder Berlin, aber auch in Hannover schon lange nicht mehr längs der Schnittlinien der Pfarrgemeinden, sondern oft quer zu ihnen. Die Ekklesiologie der katholischen Kirche ermöglicht genau diese Vielfalt, die auch heute schon vorzufinden ist: Man denke an Ordensgemeinden, Gemeinden um Jugendzentren oder im Kontext

24   von Altenheimen und Kindergärten, an Kleine Christliche Gemeinschaften und eine Un-
zahl von kleinen Glaubensgruppen. Sie bilden in der Tat ein Netzwerk von mehr oder
weniger stabilen Gemeinden innerhalb einer Pfarrei. Worum es dabei gehen sollte, ist
nicht die Integration des einen Gefüges in ein anderes und auch nicht um den Gedanken
einer möglichen Konkurrenz, sondern um den gegenseitigen Verweis und die Freude
über die ungeahnten Möglichkeiten des Kircheseins, das sich in Zukunft nicht mehr
zuerst institutionell, sondern existenziell orientiert. Deswegen stimmen die an der
Pfarrgemeinde als vermeintlicher normativer Normalform ausgerichteten Kategorien
von „territorialer Normalseelsorge" und „kategorialer Sonderseelsorge" auch nicht
mehr mit der Wirklichkeit überein: Es geht darum, wo Kirche in den Lebensräumen der
Menschen sich ereignen und wachsen kann. Natürlich bleibt das sakramentale Zentrum
und die Mitte dieser vielfältigen Ereignisse des Kircheseins die Eucharistie als Höhepunkt und Quelle – aber deutlich ist ja auch, dass Orte des Kircheseins heute nicht zuerst als fertig konstituierte antreffbar sind, sondern als Kirche im Werden. Dieser Entwicklung, bei der es entscheidend darum geht, dass Kirche erfahrbar wird und gelebt
werden kann als Ort und Gemeinschaft des Auferstandenen, in der der Ruf Gottes sich
ereignet, dürfen wir heute gespannt beiwohnen.

Wer dieses Phänomen genauer betrachtet, wird nicht nur eine neue Vielfalt von
Gemeindeformen treffen[2], sondern es wird auch immer deutlicher, dass angesichts dieser grundlegenden Veränderung immer mehr katechumenale Kirchenerfahrungen als
„Vorraum des Glaubenswachstums" entstehen: Diese „Kirchen für Beginner" sind Räume der Initiation, des langsamen lebenspraktischen Hineinwachsens in den christlichen Glauben. Diese Entwicklungen zu ermöglichen wäre einer der wichtigsten Schritte
zukünftiger Kirchenentwicklung.

---

[1]   Ward, Pete, Liquid church, Edinburgh 2002
[2]   Siehe für eine Übersicht die englische Seite www.freshexpressions.org.uk

Was bedeutet das für die Vorbereitung der Erstkommunion?

Elemente einer theologischen und pastoralen Architektur der Erstkommunionvorbereitung

Angesichts der beschriebenen grundlegenden Veränderungen des kirchlichen Gesamtgefüges war ein neuer Blick auf die Kurse unserer Erstkommunionvorbereitung notwendig. „Unsere" Erstkommunionvorbereitung heißt konkret: die Erstkommunionvorbereitung einer neu geschaffenen Seelsorgeeinheit von vier ehemals selbständigen Pfarreien im Hildesheimer Süden. Die alljährliche Jahrgangskatechese, die für Kinder mit neun Jahren zum Empfang der Erstkommunion führt, bekam eine neue Bedeutung und Wichtigkeit.

Aufgrund des sich auflösenden Milieugefüges kann von vornherein nicht mehr mit gleichen Voraussetzungen gerechnet werden. Die Kinder und ihre Eltern kommen zu weit mehr als 80 Prozent aus einer Situation relativ ungeprägter Christlichkeit. Für viele ist die Beteiligung am kirchlichen Leben keine selbstverständliche Praxis, auch wenn zu Weihnachten oder anderen Festen erste kirchliche Erfahrungen, die aber eben nicht prägend sind, gemacht wurden. Wichtig ist dabei: Dies gilt für Eltern wie Kinder gleichermaßen, denn die meisten katholischen Elternteile sind selbst schon aus einer ähnlichen Erstkommunionerfahrung gekommen und haben nicht weiter in ihrem Glauben wachsen können.

Weil die Erstkommunionerfahrung aber immer noch die prägendste Erfahrung der Eltern war, legen sie meist sehr viel Wert auf diese Vorbereitungszeit und auf das anschließende Fest. Jene Eltern, die ihrerseits mit ihren Kindern einen Initiationsweg gegangen sind, suchen natürlich nach einer Vertiefung für den Glauben ihrer Kinder. Schon aufgrund dieser Ausgangsposition wird eine fundamentale Schwierigkeit deutlich: Lassen sich überhaupt alle Familien in einem Kurs vorbereiten? Sind nicht die Ausgangspositionen zu unterschiedlich? Andererseits: Erfahrungen mit differenzierten Kursen sind problematisch, weil für die Kinder unverständliche Unterschiede gemacht werden, die trennen.

Vor diesem Hintergrund ist noch eine weitere Frage deutlich zu stellen: Von Initiation kann im Kontext der Erstkommunionvorbereitung – egal wie ein Kurs gestaltet wird – nicht die Rede sein. Worum es gehen kann, ist eine profilierte Erstverkündigung: eine Ermöglichung des Kennenlernens des christlichen Glaubens, ein Eintreten in das Geheimnis des Glaubens, das am Ende des Kurses ja gefeiert werden soll.

Hier wird der religionspädagogische Zugang der Elementarisierung hilfreich. In unserem Zusammenhang der Erstkommunionvorbereitung meint Elementarisierung ganz schlicht: Die Feier der Erstkommunion selbst entlässt einen Zugang zum Geheimnis des Glaubens, der erschlossen werden will. Konkret: Es ist nicht nötig, eine „externe" Systematik zur Grundlage der Vorbereitung zu machen, sondern ganz einfach die Feier der Erstkommunion selbst als „Gefüge der Glaubenseinführung" ernst zu nehmen. Die Feier der Eucharistie könnte so in verschiedenen Schritten mystagogisch und katechetisch erschlossen werden, indem immer eine Teilfeier im Blickpunkt der katechetischen Treffen steht – eine Weise der Vorbereitung, wie sie in den Paderborner Weggottesdiensten ähnlich versucht wird.

Eine in solcher Weise elementarisierte Vorbereitung hat allerdings eine Voraussetzung: Die Katechetinnen und Katecheten müssen selbst in diesem mystagogischen Weg beheimatet sein, der immer wieder eine liturgische Dimension hat. Die Vorbereitung besteht aus sechs katechumenalen Liturgien, in denen jeweils Schritt für Schritt in einen Vollzug des liturgischen Feierns eingeführt wird. Die Katechesen orientieren sich an dem, was in der Liturgie gefeiert und eingeprägt wurde.

Das ist nun Erstverkündigung, nicht Initiation. Die Initiation kann sich nur im Umfeld dieses Kurses ereignen – und auch dafür müssen Räume eröffnet werden. Die auf sechs Treffen und ein Wochenende reduzierte Vorbereitung legt nahe, dass für Eltern und ihre Kinder – gerade auch für jene, die sich ernsthaft um initiatorische Vorgänge oder Wege echter Glaubenseinführung bemühen – Möglichkeiten angeboten werden: Das Projekt 010 (s. S. 130), über das im Anschluss an die Schilderung des Erstkommunionvorbereitungskonzepts (s. S. 32) noch ausführlich berichtet wird, sollte genau diese Perspektive ermöglichen. In Kooperation mit allen Akteuren der Initiativen in unserer Pfarrei, von den Mutter-Kind-Gruppen über die Kindergärten bis hin zur Grundschule und den kirchenjahrsbezogenen Aktionen der Kirchengemeinde zeigte sich so ein roter Faden eines abgestimmten Initiationsweges, der Eltern die Möglichkeit gibt, sich zu beteiligen. Darüber hinaus installierte unser Team einmal im Jahr ein Treffen der Schüler der Schuljahrgänge der ersten, zweiten und vierten Klasse, bei denen jeweils ein Akzent des Glaubenswachstums ermöglicht wurde. Im Einzelnen wird dies in den folgenden Kapiteln (s. S. 134) dargestellt.

Damit erhält Differenzierung noch eine andere Dynamik. Im Blickpunkt steht dann nämlich nicht jenes Jahr der Kommunionvorbereitung, sondern der Prozess möglicher Initiation im Vorfeld und im Anschluss an das Jahr der Erstkommunion. Damit gewinnt die Kommunionvorbereitung einen „Hof der Initiation", der – so meinen wir – vor allem von Eltern genutzt wird, die auch in ihrer familiären christlichen Praxis schon Schritte der Prägung gegangen sind und nun ihr Kind mit anderen Gleichaltrigen in einem „Kleinmilieu" wachsen lassen wollen. In diesem Zusammenhang ist auch das jährliche Angebot eines Glaubenskurses für Erwachsene zu sehen. Durch die Kontakte mit den Eltern bei den verschiedenen Gelegenheiten kann auch für sie ein Angebot der Glaubensvertiefung gemacht werden. Dieses Angebot steht dann aber im Kontext einer Glaubenspastoral für interessierte Erwachsene überhaupt, und ist keine Forderung an die Eltern der Kommunionkinder.

Herausforderungen durch die Zusammenführung der Pfarreien

Mitten in die ersten Entwicklungen dieses Konzeptes platzten die Herausforderungen durch die Zusammenführung dreier Pfarreien, die eigentlich nicht zusammenkommen wollen. Schon vor der Zusammenführung zeichneten sich starke Veränderungen am Gesamtgefüge ab: Klar ist, dass statt vier Priestern nun noch ein Pfarrer (mit Hilfe eines älteren Mitpriesters) die drei Pfarreien leiten wird. Klar ist auch, dass langfristig statt zwei Gemeindereferentinnen nur noch eine Stelle erhalten werden kann, um die drei Pfarreien zu begleiten.

Dass eine solche Reduzierung der pastoralen Mitarbeiter/innen und Priester nicht folgenlos für die klassischen Settings der Vorbereitung sein kann, ist deutlich, gerade dann, wenn die genannten Einsichten in eine pastorale Umsteuerung zugunsten einer langfristig angelegten missionarischen Pastoral für Suchende einwirken sollten.

Dafür ist aber kaum gedanklicher Platz in den drei Gemeinden. Denn während die ersten Entwicklungen aufgrund der gemeinsam im Pastoralteam sich abzeichnenden Strategie in den Blick genommen werden, liegt der Schwerpunkt der Überlegungen in den Gemeinden auf dem Erhalt der Eigenständigkeit inmitten des notwendigen Zusammenführungsprozesses. Das hat Nachteile: Selbst wenn in den Räten über die Entwicklungen der Erstkommunionpastoral informiert wird, ist das Tagesgeschäft doch ein anderes für die engagierten Laien. Der Prozess der Zusammenführung mit seinen Aggressionen und Regressionen einerseits, und die Herausforderung der gemeindlichen Aktivitäten andererseits sind kein günstiges Ausgangsszenario für einen echten gedanklichen Weg der Bewusstwerdung.

Ein weiteres Phänomen führte zur notwendigen Neugestaltung der Erstkommunionvorbereitung. Waren gerade in Hildesheim in den vergangenen Jahrzehnten immer hinreichend viele geprägte katholische Eltern vorhanden, um als Katechetinnen und Katecheten Jahr für Jahr neu gewonnen zu werden, so änderte sich dies um die Jahrtausendwende: Ganz konkret kam die Auflösung der klassischen Milieus und ihrer Prägungen auch in Hildesheim an. Immer weniger Eltern – auch jene, die Katechetinnen und Katecheten sein wollten – verfügen über eine tiefe Glaubens- und Kirchenprägung. Übrig blieb zuweilen die Erinnerung an die eigene Kommunion, und der Wunsch, es diesmal genauso zu tun.

28   Diese Herausforderung macht deutlich, dass nun auch so etwas wie ein Vorbereitungsweg für mögliche Katechetinnen und Katecheten notwendig wird. Dabei zeigt sich noch eine weitere Aufgabe. War bislang nur ein Modell der Katechetin und des Katecheten vorhanden – die „Gruppenbegleiterin"/der „Gruppenbegleiter" –, so stellt sich nun die Frage, ob nicht vielmehr Ausschau danach gehalten werden muss, welche Gaben und Charismen die einzelnen Elternteile einbringen können – und wer das Charisma der Glaubensweitergabe im ausdrücklichen Sinne hat.

     Dies herauszufinden ist so schwer nicht. Es zeichnet sich in Vorgesprächen sehr rasch ab, wer sich wirklich für was interessiert in der Vorbereitung auf die Erstkommunion. Immer stärker rückt also auch die Frage in den Mittelpunkt, ob nicht im Vorfeld persönliche Anmeldegespräche bereits der Klärung der Frage dienen können, wie sich Eltern einbringen können. Denn auch die Einladung zu einem Fußballspiel, zu einer Besichtigung, zum gemeinsamen Kochen kann ein Zeugnis für den je eigenen Glauben sein. Hingegen kommen Katechetinnen und Katecheten wahrscheinlich nicht aus dem kirchlichen Niemandsland, sondern sind schon in Erscheinung getreten im Vorfeld der eigentlichen Vorbereitungen. Was es an Vorbereitung für diese Katechetinnen und Katecheten dann braucht, ist nichts anderes als eine intensive Auseinandersetzung und eine mystagogische Vertiefung des Geheimnisses der Eucharistie.

     Eine offene Frage bleibt noch die Rolle der geprägten Gottesdienstgemeinde. Hier sind Wege zu finden. In den ersten Jahren haben wir eine wichtige Entscheidung getroffen: Auch wenn die Erstkommunion selbst an mehreren Orten gefeiert wird, so ist doch die Vorbereitung an einem Ort möglich und schafft auch eine hinreichend große Gruppe von Kindern und Eltern. So wagten wir zunächst, die Erstkommunionvorbereitung mit der sonntäglichen Feier der Eucharistie zu verknüpfen – und dabei ernst zu nehmen, dass die Kinder noch nicht zur Feier der Eucharistie zugelassen sind.

     Die Messfeier beginnt mit den Kindern und ihren Eltern. Aber nach der Verkündigung des Evangeliums ziehen die Kinder mit dem Evangeliar aus, um dann in ihren Gruppen das Evangelium zu vertiefen. Zum Abschluss der Katechese feierten wir dann – nach der Messe – einen Stufengottesdienst mit den Eltern in der Kirche.

     Obwohl in den nächsten Jahren die Vorbereitung auf den Samstag rutschte, halte ich diesen katechumenalen Ansatz weiterhin für den stimmigsten, auch für die Gemeinde, die dadurch plastisch erleben konnte, dass Kinder auf dem Weg zur vollen eucharistischen Gemeinschaft sind. In diesem Zusammenhang hat es sich auch sehr bewährt, die Gemeinde zu Gebetspartnerschaften einzuladen.

     Schließlich hat sich in den vergangenen Jahren auch gezeigt, dass die eigentliche Feier der Erstkommunion ohne die starke Präsenz der sonntäglichen Gottesdienstgemeinde kaum noch gut gefeiert werden kann – weil gerade bei der Erstkommunion viele Gäste kommen, die keinen Zugang zur Feier haben. Das Mitfeiern ist jedoch nur denkbar, wenn Erfahrene die Selbstverständlichkeit der Feier bezeugen und damit einladend sind.

Acht Thesen zur Weiterentwicklung der Initiationspastoral

Wer damit beginnt, sich auf die Veränderungen und Transformationen der Gesellschaft und ihrer Konsequenzen für das Christwerden und die Gestalt der Kirche einzulassen, der wird schnell gewahr, dass wir noch einen langen Weg vor uns haben. Die Vorbereitung der Erstkommunion, wie sie im Folgenden entwickelt wird, zeigt deutlich an, dass wir weiterhin auf einer empfindlichen Baustelle jenes grundlegenden Umbruchs der Kirche sind und sein werden. Wie wird sich die Initiationspastoral weiter entwickeln? Welche Zukunft hat die klassische Sakramentenpastoral und ihre Vorbereitung? Was bedeutet die zunehmend missionarische Situation ungeprägter Christlichkeit für die Sakramentenspendung der Kindertaufe, Kommunion und Firmung?

Einige Tendenzen lassen sich erkennen. Sie werden im Folgenden in acht Thesen gefasst:

1. Die Zukunft der Sakramentenpastoral wird deutlicher unterscheiden müssen zwischen Sakramentenvorbereitung und Initiation. Während die Sakramentenvorbereitung immer mehr zu einer chancenreichen Erstverkündigung wird, wird Initiation zu der pastoralen Herausforderung schlechthin. Die Bemühung der Pastoral muss in diesem Feld daraufhinzielen, den katechumenalen Weg von innen her zu verstehen und Glaubenswachstumsprozesse zu ermöglichen, die sich nicht in Kursen erschöpfen.

2. Kurse der Sakramentenvorbereitung wie auch Glaubenskurse für Erwachsene bekommen damit den Charakter einer Ersteinladung und Erstverkündigung: Interessierte werden gesammelt und mit dem Glauben vertraut gemacht. Dabei geht es nie nur um Glaubensinformation, sondern immer auch um eine Ersterfahrung von ekklesialer Gemeinschaft und ihrer Mystagogie als der Gemeinschaft, in deren Mitte der Auferstandene lebt, und um eine Einführung in die Liturgie als einer Einführung in das Geheimnis der Gottesbegegnung.

3. Initiation geschieht in dieser Logik nicht im Prozess der Vorbereitung auf die Sakramente, wiewohl diese dann in der Feier der Sakramente sich ereignet. Der eigentliche Prozess der Initiation geschieht „gnadenorientiert": Dort, wo Kinder,

30   Jugendliche und Erwachsene mit ihrer Suche der Kirche und dem christlichen Glauben begegnen und ihn tiefer leben und verstehen wollen, sind Orte und Räume, Gemeinschaften der Initiation notwendig, die biografisch auch längere Wege des Hineinwachsens ermöglichen.

4.   Gemeinschaften des Hineinwachsens, „Kirchen für Beginner", werden immer wichtiger. Es ist sehr unwahrscheinlich, dass die klassisch geprägten Kirchengemeinden zugleich auch „Kirchen für Beginner" sein können. Die neuen Suchergenerationen verfügen nicht mehr über ein milieugeprägtes Restwissen und können auch deswegen nicht mehr leicht anknüpfen an die klassische Gemeinde- und Glaubenskultur. Es wird demnach immer mehr eine gemeindliche Szene entstehen, die vielfältig ist: Zum einen braucht es die eucharistische Gemeinde, die Eucharistie feiert und aus ihr lebt. Zum anderen braucht es „Gemeinden der Beginner", die als katechumenale Gemeinden eher der expliziten und intensiven Glaubensverkündigung dienen und die eine Einweisung in die Glaubenspraxis ermöglichen, wie auch Grundformen liturgischen Feierns. Damit werden diese „Beginnergemeinden" eher das Wort Gottes in den Mittelpunkt rücken. Wichtig bleibt, dass diese Gemeindebildungen verknüpft und ausgerichtet sind auf die Gemeinde der Initiierten und damit eine Vorläufigkeit besitzen, die sich allerdings orientiert am nicht von außen festlegbaren Glaubenswachstum, das sich biografisch entwickelt.

5.   Immer stärker stellt sich die Frage, ob und wie angesichts der Vergrößerung pastoraler Räume und der Verringerung der Zahl pastoraler Mitarbeiterinnen und Mitarbeiter eine sinnvolle Initiationspastoral und eine sinnvolle Sakramentenvorbereitung geschehen kann. Tendenziell führt die Vergrößerung pastoraler Räume zur Zentralisierung pastoraler Zentren. Damit ergibt sich eine Option für eine grundlegende Veränderung der Initiations- und Vorbereitungsprozesse. Dort, wo Kirche am Ort wachsen wird – in Kleinen Christlichen Gemeinschaften, ehemaligen selbständigen Gemeinden, Kindergärten und Schulen wie anderen Orten der Kirchlichkeit – werden Wege des Christwerdens durch das Mitleben von „Beginnern" und „Erfahrenen" möglich, in denen die „Beginner" und die „Erfahrenen" den Glauben einander bezeugen, ihn gemeinsam aus der Schrift schöpfen und Gott lobpreisen. Insofern wird hier eine neue Spiritualität des Volkes wachsen können: Im Bibelteilen, im konkreten Einüben christlicher Gemeinschaft, im Dienst am Lebensumfeld und in Einheit mit der Tradition der katholischen Kirche kann so eine komplexe und doch einfache „Ekklesiogenesis" wachsen.

6.   Bedeutsam werden auch zentrale Orte sein, Biotope des Glaubens in Klöstern und lebendigen Großgemeinden. Hier werden – in Anlehnung an neue Aufbrüche

des Kircheseins und der Katechese – Erfahrungen möglich, in denen eine große Glaubensgemeinschaft aus „Erfahrenen" und „Beginnern" einen gemeinsamen Glaubensweg zeichnet. Erste Erfahrungen gibt es in der „whole community catechesis" in den Kirchengemeinden der USA: Dort ist die gesamte Kirchengemeinde eingeladen, gemeinsam im Glauben zu wachsen – zusammen mit den Familien der Erstkommunionkinder, den Katechumenen und allen Suchenden.

7. Insgesamt werden sich die Aufgaben der Priester und Mitarbeiterinnen und Mitarbeiter in der Pastoral in diesem neuen Dienstgefüge des Kircheseins ändern. Die visionäre Leitung durch das Dienstamt der Einheit, die Befähigung und Ermächtigung der Christinnen und Christen durch die Priester und pastoralen Mitarbeiter/-innen wird zu einer neuen Charismenorientierung des Volkes Gottes führen. Das gemeinsame Priestertum der Gläubigen rückt in den Mittelpunkt. Dazu bedarf es natürlich eines längeren Prozesses der Bewusstwerdung, der Christsein und Christwerden als Berufung zur Sendung versteht.

8. Um diese Prozesse und die notwendigen Instrumente dafür zu entwickeln, sind „Schulen der Jüngerschaft" notwendig als pastorale Werkstätten einer neuen Kultur des Kircheseins. Diese „Schulen" sind aber nicht zuerst intellektuelle Orte, sondern Lebensräume, in denen eine geistliche Unterscheidung und Deutung der Lebenswirklichkeit der Kirche eingeübt wird, in denen eine „Kultur des Austauschs" beheimatet ist und in denen eine Kultur des persönlichen und gemeinschaftlichen Umgangs mit dem Evangelium und dem Leben aus dem Wort dahin führt, dass alle Christinnen und Christen ihre spezifische Berufung und Sendung entdecken. Für eine solche prototypische Erfahrung, für eine solche „Schulung" im Geist des Evangeliums braucht es in den Bistümern Orte, an denen dies gelingen kann. Darüberhinaus wird hier – aus der Kraft der Tradition – auch eine neue Theologie und Katechese wachsen, die wirklich eine Theologie des Volkes ist, die dann im Leben in der Kirche am Ort fruchtbar wird.

DAS KONZEPT

„COMMUNIO – ‚EINFACH'
ERSTKOMMUNION FEIERN"

Das Erstkommunionkonzept

Überblick im Rahmen eines „katechumenalen
Weges des Christwerdens" in der Pfarrgemeinde

Eine Erstkommunionvorbereitung, die seit Jahren nach dem gleichen Schema verläuft, sollte einer kritischen Reflexion unterzogen werden. Dem vorliegenden Erstkommunionkonzept lagen eine Reihe von Reflexionen und Entscheidungen zugrunde. Folgende Fragen waren dabei von Nutzen:

- ▶ Welche Elemente der Erstkommunionvorbereitung gehen über eine rein kognitive Wissensvermittlung hinaus? Gibt es solche Elemente?
- ▶ Welche Elemente unserer Erstkommunionvorbereitung ermöglichen es, Glaubenserfahrungen zu machen? Haben wir solche Elemente?
- ▶ Kennen unsere Erstkommunionkinder die Liturgie der Gottesdienste?
- ▶ Kennen die Eltern der Erstkommunionkinder die Liturgie der Gottesdienste?
- ▶ Wie kann ich sie ihnen nahe bringen?
- ▶ Welche Rolle spielen die Eltern in der Erstkommunionvorbereitung?
- ▶ Ist wöchentlich stattfindender Erstkommunionunterricht mit dem zur Verfügung stehenden ehrenamtlichen sowie hauptamtlichen Personal noch leistbar?
- ▶ Welche Zeitkapazitäten sind vorhanden?

Aufgrund dieser und vielleicht individuell zusätzlicher Fragen, die kritisch und ehrlich beantwortet werden sollten, ergeben sich automatisch Veränderungen, die in ein neues Konzept eingebunden werden können.

Vielleicht kennen Sie das auch: Existiert ein gutes Konzept, ist man froh, es zu haben. Man glaubt, dass man nun lange Zeit nach diesen Vorgaben verfahren könnte. Aber ist das wirklich so? Unsere Erfahrung ist, dass sich nach einer Erstkommunionvorbereitung immer Punkte ergeben, die eine bessere Vorgehensweise benötigt hätten. In einer offenen und ehrlichen Reflexion nach jeder Erstkommunion stößt man auf diese Punkte und verändert sie beim nächsten Mal. Beteiligte Personen sollten dabei sowohl die ehrenamtlichen Katecheten als auch das Team der Hauptberuflichen einer Pfarrgemeinde sein.

Seit dem Jahr 2003 sind wir, das Pastoralteam einer größeren Pfarrgemeinde der norddeutschen Stadt Hildesheim dabei, das Erstkommunionkonzept neu zu gestalten. Dabei leitete uns die Überzeugung, dass Hinführung zur Erstkommunion nicht nur ein punk-

34 tuelles Ereignis ist, sondern eingebunden sein will in einen längeren Prozess religiöser Erziehung. Erste Elemente dieses sich abzeichnenden Weges einer mystagogischen Erstkommunionvorbereitung wurden in den vergangenen Jahren eingeführt – mit guten Erfahrungen. Das in diesem Buch geschilderte Konzept sieht folgende inhaltliche und formale Grundpfeiler vor:

Inhaltliche und formale Grundpfeiler des Erstkommunionkonzepts

- Erstkommunionkatechese ist Erstverkündigung. Dem eigentlichen Kommunionkurs gehen eine persönliche Anmeldung und ein Kennenlerntreffen mit anschließendem Begrüßungsgottesdienst voraus.
- Dieser katechumenale Weg soll das Hineinwachsen in den Glauben vorbereiten. Die Feier der Erstkommunion ist selbst das Gefüge der Glaubenseinführung. Die Feier der Eucharistie wird in mehreren Schritten mystagogisch und katechetisch erschlossen. Deshalb geschieht die Erstkommunionkatechese durch liturgische Katechesen:
sechs Vorbereitungstreffen und ein Wochenende zum Thema Versöhnung für die Erstkommunionkinder
- Kinder und Eltern sind gemeinsam im Blick der Erstkommunionvorbereitung.
- Die Idee der Weggottesdienste ist Bestandteil jedes der sechs Vorbereitungstreffen.
- Zwei Elternkatechesen als ausgewähltes Angebot für die Eltern der Erstkommunionkinder innerhalb der Vorbereitungstreffen der Kinder ergänzen die Kinderkatechesen.
- Eine eigene Vorbereitung der Katecheten bzw. Begleiter der Erstkommunionkinder ist den Kinderkatechesen vorangeschaltet.
- Als Einzelfall, der aber immer wieder vorkommt: die Integration der Taufe eines der Erstkommunionkinder in die Erstkommunionvorbereitung.
- Eingebettet ist die komplette Erstkommunionvorbereitung in das Projekt 010 als übergreifendes Programm, in dem die gesamte Erstkommunionvorbereitung Bestandteil der religiösen Angebote für Kinder von 0 bis 10 Jahren ist.
Auch ohne diese Eingliederung ist das Erstkommunionvorbereitungskonzept in sich abgeschlossen durchführbar.

„Einfach" Erstkommunion vorbereiten und feiern

Der erste Gedanke beim Thema „Erstkommunionfeiern" ist häufig, dass diese im Vorfeld mit sehr viel Aufwand und Stress verbunden sind. Viele Kollegen in der pastoralen Arbeit sind froh, wenn sie es überstanden haben. Das kennen wir!

Vorbereitung – ganz „einfach"

Auf diesem beschriebenen Weg der Erstkommunionvorbereitung lernen die Kinder und ihre Eltern den Glauben übers „Mitfeiern" kennen. Wir vertiefen liturgische Grundelemente im Tun und üben liturgische Haltungen ein. Eine Mappe und ein besonderes Thema gibt es seit vielen Jahren nicht mehr. Unsere Mappe ist die Bibel und unser Thema ist die persönliche Begegnung mit Jesus Christus. Jedes Vorbereitungstreffen hat einen biblischen Text zum Inhalt.

Durch dieses Einüben und Vertiefen werden die Kinder und ihre Eltern immer mehr vom Zuschauer zum Mitfeiernden. Das war in den letzten Jahren sehr gut zu beobachten – besonders bei den Erstkommuniongottesdiensten.

Die Vorbereitung auf die Erstkommunion wird weniger aufwendig, weil immer mehr Akzente einer elementarisierten Katechese Einzug gehalten haben: bitten, danken, beten, lobpreisen, teilen, vergeben, geeint werden, anbeten, still werden – das sind die Themen der Treffen an sechs Samstagvormittagen und an einem Wochenende. In diesem zeitlichen Rahmen findet Erstkommunionvorbereitung nun statt.

Seit kurzem werden bewusst die Eltern eingeladen, den Vorbereitungsweg in Teilen mitzugehen. Oft machen Kinder in der Zeit der Erstkommunionvorbereitung tiefe und wesentliche Erfahrungen, die sie aber mit den Eltern zu Hause nicht teilen können, wenn sie diese Erfahrungen alleine gemacht haben. Aus diesem Grund sollen die Kinder bei jedem der sechs Vormittagstreffen zu Beginn (Eröffnungsteil) und zum Abschluss (liturgischer Abschluss) von einer erwachsenen Person begleitet werden.

Elternarbeit – ganz „einfach"

Zum Elterninfoabend kommen fast alle Eltern. Sie sind neugierig – einige auch interessiert –, was mit der Vorbereitung auf die Erstkommunion auf sie zukommt. An diesem Abend gibt es viele Infos über unseren Erstkommunionkurs und alle Termine der Vorbereitungstreffen. Wir beginnen den Abend immer mit einem Lied bzw. Gebet und mit dem Entzünden unserer Jesuskerze. Es soll von Anfang deutlich werden, worum es eigentlich geht bei der Erstkommunion. Wir beenden den Abend mit einem Weggottesdienst (s. S. 58). Es ist sehr bewegend, wenn man mit 50 Erwachsenen, die eher selten in der Kirche zu sehen sind, gemeinsam schweigt, betet und singt.

Beim Elterninfoabend fordern wir von den Eltern ein, dass sie ihr Kind bei den Vorbereitungstreffen begleiten. Die Erfahrung zeigt, dass viele Eltern erleichtert über diese klare Ansage sind. Und sie kommen und sind dabei und machen mit.

Die Elternarbeit – manchmal auch die Großelternarbeit – erlangt eine immer höhere Relevanz. Deshalb gibt es im vorliegenden Vorbereitungskonzept auch ein Angebot von Elternkatechesen, die in Anlehnung an die Themen der Erstkommunionvorbereitung erwachsenengerecht aufgearbeitet werden.

Der Hauptaspekt der Elternarbeit ist die Begleitung der Kinder. So ist jede Familie aufgefordert, eine erwachsene Begleitperson zu benennen, die das Erstkommunionkind während der Vorbereitung begleitet und im wahrsten Sinne des Wortes hinter ihm steht. Die Erfahrung zeigt, dass die Eltern diese Voraussetzung für die Teilnahme an der Vorbereitung akzeptieren und sie positiv aufnehmen. Sie erleben nun viele Elemente der Vorbereitung gemeinsam mit ihren Kindern. So wird ein Gespräch über das Gelernte und Erlebte wieder möglich.

Es gibt direkt vor der Erstkommunionfeier keinen weiteren Elterninfoabend mehr. Dieser Abend hatte dazu geführt, dass man stundenlang über Kleidung und Blumenschmuck diskutiert hat. Das war anstrengend und frustrierend. Die Infos zur Erstkommunionfeier, die für die Eltern wichtig sind, werden in einem Brief mitgeteilt. So sind alle informiert und man muss nicht hinter den Eltern herlaufen, die nicht erschienen sind.

Erstkommuniongottesdienste – ganz „einfach"

Learning by doing – Lernen übers Mitfeiern. Das hat dazu geführt, dass die Kinder im Erstkommuniongottesdienst nicht mehr beschäftigt werden mit dem Vorlesen vieler Texte. Sie sitzen in ihren Bänken oder stehen am Altar und sind Mitfeiernde. Die Kinder tun das mit einer tiefen Andacht. An folgenden Punkten ist dies deutlich zu beobachten:

▶ Wenn die Kinder beim Erstkommuniongottesdienst in die Kirche einziehen, ist es nicht fremd für sie, denn der Einzug in die Kirche wurde bei jedem Vorbereitungstreffen praktiziert.

▶ Die Verneigung und Kniebeuge haben wir eingeübt – sie sind sozusagen in Fleisch und Blut übergegangen.

▶ Wir singen im Erstkommuniongottesdienst die Lieder, die wir auch in der Vorbereitungszeit gesungen haben.

▶ Stille ist den Kindern nicht fremd, denn wir haben immer wieder versucht, still zu sein, auf Gott zu hören.

▶ Seit ein paar Jahren haben wir kaum noch Liedzettel, die wir verteilen. Die Lieder werden vorne für alle sichtbar über einen Beamer angezeigt. Das hat zur Folge, dass der Gesang viel lebendiger ist. Es gibt kein Geraschel mehr mit Zetteln und man singt in einer aufrechten Haltung.

Auf diese Erstkommuniongottesdienste freut man sich – sie sind nicht aufwendig und stressig.

Tipp: Weniger ist mehr!

Drei-Sterne-Pastoral

Die Drei-Sterne-Pastoral ist der eigentliche Grundpfeiler unserer Pastoral. Hierauf gründen alle unsere pastoralen Handlungen und sie ist daher aus diesem Konzept nicht wegzudenken.

Die drei Leitsterne sind entstanden auf der Suche nach einer „Basis-orientierten-Pastoral" in der Diözese Umtata an der Ostküste Südafrikas. Der damalige Bischof dieser Diözese – Oswald Hirmer – hat sie uns vor einigen Jahren in Hildesheim vorgestellt.

Im Folgenden möchten wir die Drei-Sterne-Pastoral kurz beschreiben:

☆ **Christus zur Mitte machen**

Christen ohne Christus sind wie eine Lampe ohne Licht. Deshalb versuchen wir, in allen kirchlichen Aktivitäten, Christus zur Mitte zu machen. Dabei spielt das Bibelteilen eine entscheidende Rolle, das im Pastoralinstitut „Lumko" in Südafrika entwickelt wurde. Die Theologie des Bibelteilens ist die Theologie des Wortgottesdienstes:

▶ Die Gruppe glaubt an den Auferstandenen in ihrer Mitte

▶ Die Gruppe heißt Jesus in ihrer Mitte willkommen (Gebet)

▶ Das verkündete Wort wird „heute" zur Wirklichkeit

▶ Die Worte der Schrift werden zum quasi-sakramentalen Zeichen der Gegenwart Jesu

38   Der erste Stern macht es möglich, jede pastorale Tätigkeit daraufhin zu befragen: „Wie können wir bei dieser Tätigkeit Christus zur erfahrbaren Mitte machen?" Wenn wir diese Frage nicht stellen, verkümmert unsere Verkündigung zu formalen Lehrveranstaltungen mit moralischen Anwendungen oder wir ersticken in reiner Aktivität.

⭐ **Von innen her Gemeinschaft leben und stärken**

Der zweite pastorale Leitstern hilft uns, die Fragen zu stellen:

„Inwieweit ist sich die Gemeinde ihrer Mitverantwortung in dieser pastoralen Tätigkeit bewusst, z. B. bei der Vorbereitung auf die Sakramente … ?"

„Was können wir tun, um die ganze Gemeinde in diese Aktivitäten miteinzubeziehen, mit möglichst vielen zu planen und aktiv zu werden?"

⭐ **Die Sendung Jesu weiterführen – „ So sende ich euch"**

Der dritte Leitstern ist der Auftrag Jesu: „Wie mich der Vater gesandt hat, so sende ich euch".

Wir versuchen, Kirche von ihrer gemeinsamen Sendung und Aufgabe her zu definieren. Dieser gemeinsame Auftrag macht auch einen bestimmten „Führungsstil" deutlich: Er wird bestimmt von der gleichen Würde aller Getauften, ihrer Teilnahme am königlichen, prophetischen und priesterlichen Amt Christi und von der gemeinsamen Mitverantwortung aller an der Sendung Jesu.

Bei uns in der Kirche ist es oft genau anders herum: Wir sagen unseren Gläubigen schnell, was sie in der Kirche tun sollen, aber wir erklären ihnen selten, warum sie sich engagieren sollen.

Wir haben diese Leitsterne auch auf unsere Erstkommunionpastoral gelegt und uns gefragt „Was heißt das für unsere Erstkommunionvorbereitung?" Schnell wird deutlich, welche Prioritäten sich auf diesem Weg zeigen:

1.   Wir kommen von einer katechetisch geprägten Vorbereitung zu einem katechumenalen Weg. Dieser Weg soll Menschen den Glauben erfahrbarer machen. Es geht darum, Christus kennen zu lernen, ihm zu begegnen.

2.   „Wenn es uns nicht gelingt, Menschen in die geistliche Kommunion einzuführen, wird die sakramentale Kommunion leer." (Oswald Hirmer)

3.   Erstkommunionvorbereitung findet häufig isoliert statt. Es gibt kaum Verknüpfungspunkte mit der Gemeinde vor Ort. Dabei ist die Vorbereitung auf die Sakramente Aufgabe der Gemeinde.

4.   Wir brauchen Menschen in unseren Gemeinden, die ihren Glauben bezeugen – ihn vorleben.

5.   „Die Kirche ist nur Kirche, wenn sie für andere da ist." (Dietrich Bonhoeffer) Wir sind Kirche für andere. Die Sendung ist ein wesentlicher Auftrag auch in der Vorbereitung auf die Sakramente.

Weggottesdienste
Der rote Faden der Vorbereitungstreffen

Sehr häufig kommt es vor, dass Erstkommunionkinder und deren Familien nicht in einer Gemeinde sozialisiert sind. So werden z. B. Gottesdienste nur zu besonderen Anlässen besucht. Familien haben also in der Regel sehr wenig bis gar keine Gottesdiensterfahrung. Für viele Familien ist die Erstkommunion ihres Kindes aber ein Anlass, mit Glauben und Kirche erneut in Kontakt zu treten. Bis zu diesem Zeitpunkt standen sie beidem eher fern. Auf ein gewisses Grundwissen kann in der Erstkommunionvorbereitung folglich nicht zurückgegriffen werden. So sahen wir uns vor die Frage gestellt „Wie können diese Menschen in die Liturgie neu eingeführt werden?"

Die Idee der „Weggottesdienste" verfolgt einen völlig neuen Ansatz, bei dem die einzige Vorraussetzung eine gewisse Offenheit Neuem gegenüber ist. Grundlegende Riten, Gesten, Symbole, Redewendungen und Gegenstände des Kirchenraumes und der Messe werden vorgestellt und in kind- und zeitgemäßer Form erklärt. Weggottesdienste erklären Teile der Liturgie, ohne belehrend zu sein. Denn sie verknüpfen Worte mit Taten. Im gemeinsamen Beten, verbunden mit dem gleichzeitigen Tun dessen, was gebetet wird, findet ein Kennenlernen der Liturgie statt. Gleichzeitig setzt ein beginnendes Verstehen ein.

Die Zielgruppe sind hierbei natürlich in erster Linie die Kinder. Aber auch die Eltern sind im Blick und werden immer miteinbezogen. Es entspricht der Erfahrung, dass bei pastoralem Handeln die Familienarbeit und dabei besonders die Elternarbeit immer wichtiger wird.

Am Anfang stehen einfache Symbolhandlungen wie z. B. das Kreuzzeichen oder die Kniebeuge. Auch das Einüben von Stille ist ein wesentliches Element. Durch „Learning by doing" gehen die Symbolhandlungen in Fleisch und Blut über und erreichen dabei das Herz. „Im Tun und Erleben wachsen Vertrautheit und Beziehung zu den uns wichtigen Glaubensaussagen und -ausdrucksformen."[1] Im wiederholenden Einüben der Symbolhandlungen wächst die Sicherheit und das Vertrautwerden, das schließlich zu einer geistlichen Haltung führt.

Daher verlaufen die Eröffnung des Gottesdienstes und sein Abschluss immer nach dem gleichen Ritual.

▶ **Eröffnende Elemente** sind: Sammlung vor der Kirche, Prozession in die Kirche, Kreuzzeichen, Einladung zu einer kurzen Stille, Prozession zum Ort der Liturgie, gemeinsames Beten, Verkündigung und Lobpreis.

▶ **Abschließende Elemente** sind: Vaterunser und liturgischer Abschluss mit dem Kreuzzeichen, Lied, Verbeugung vor dem Altar.

Der eigentliche Inhalt der Weggottesdienste variiert und ist abhängig vom jeweiligen Thema.

Während des Gottesdienstes erhalten Kinder und Eltern immer wieder kleine Aufgaben, wie z. B. das Tragen des Evangeliars, des Kreuzes oder der Kerzen. Auch das Sprechen von kurzen Gebetstexten oder Fürbitten gehört dazu.

Durch das Einüben und Übernehmen von Aufgaben wachsen diese Menschen zu Christen heran, die nicht nur passive Zuschauer, sondern aktive Mitgestalter in einem Gottesdienst sind. Zu spüren ist dies daran, dass die anfängliche Unsicherheit schwindet und sich eine Haltung entwickelt, die zu einer ganz besonderen Dichte in den Gottesdiensten führt.

Tipp: Weggottesdienste sind nicht nur für die Vorbereitung auf die Erstkommunion geeignet. Sie lassen sich in jeder Sakramentenpastoral einsetzen. Gute Erfahrungen haben wir bereits mit Jugendlichen in der Vorbereitung auf die Firmung gemacht. Auch in der Arbeit mit Erwachsenen bei thematisch bezogenen Katechesen sind sie sehr positiv aufgenommen worden.

[1]   Weggottesdienste in der Kommunionvorbereitung, Hrsg. Hauptabteilung Pastorale Dienste im Erzbischöflichen Generalvikariat Paderborn, Deutscher Katecheten Verein e.V., München 2004, S. 13

Der Erstkommunionkurs
Ablauf im Überblick

Und so sieht der gesamte Ablauf des Erstkommunionkurses aus, basierend auf unserer Erfahrung:

Der Vorbereitungsweg der Kommunionkinder und ihrer Familien beginnt im Januar und endet im Mai/Juni. Die Inhalte und Abläufe der Vorbereitungstreffen, die sich an der Liturgie eines Gottesdienstes orientieren, finden Sie auf den Seiten 60–106.

September	**Elterninfoabend**
September	**Persönliche Anmeldung** der Kinder mit ihren Eltern (3 bis 4 Termine innerhalb einer Woche)
September	**Katechetentreffen I – VORKURS** Inhalt: Kennenlernen, Vorstellen der Personen und des Konzepts
Oktober	**Katechetentreffen II – VORKURS** Inhalt: Weggottesdienste
November	**Katechetentreffen III – VORKURS** Inhalt: Inhaltliche Auseinandersetzung mit einem Bibeltext
Dezember	**Katechetentreffen IV – VORKURS** Organisatorisches, Vorbereiten des Kennenlerntreffens
Januar	**Kennenlerntreffen** am Nachmittag; anschließend Begrüßungsgottesdienst durch die Pfarrgemeinde (3 Stunden an einem Samstagnachmittag) **1. Liturgiekatechese** Thema: „Gott suchen und finden in unserem Alltag" (2 Stunden an einem Samstagvormittag)
Januar	**2. Liturgiekatechese** Thema: „Bitten" (2 Stunden an einem Samstagvormittag)
Februar	**3. Liturgiekatechese** Thema: „Teilen" + Angebot Elternkatechese „Versöhnung" (2 Stunden an einem Samstagvormittag + Brunch)
Februar/März	**Wochenende** zum Thema **„Versöhnung"**
März	**4. Liturgiekatechese** Thema: „Empfangen – sich öffnen" (2 Stunden an einem Samstagvormittag)
April	**5. Liturgiekatechese** Thema: „Eins werden" (2 Stunden an einem Samstagvormittag)
April	**6. Liturgiekatechese** Thema: „Anbetung" + Angebot Elternkatechese „Eucharistie" (2 Stunden an einem Samstagvormittag + Brunch)
Mai/Juni	**Feierliche Erstkommunion**
Mai/Juni	**Dankgottesdienst**

DIE KATECHETEN

BEGLEITUNG DER BEGLEITER/INNEN

Bedeutung einer glaubwürdigen Zeugenschaft

Als Katechetin oder Katechet in der Vorbereitung auf die Erstkommunion zeigt sich immer wieder deutlich, wie wichtig es ist, sich seines Status als Glaubenszeuge bewusst zu sein. Dasselbe gilt für Katecheten in der Vorbereitung auf die Taufe oder die Firmung. Frage: Was ist ein Zeuge? Antwort: Ein Zeuge ist jemand, der etwas gesehen hat. Ja, das stimmt. Ein Zeuge ist allerdings auch jemand, der etwas gehört hat, der eine Erfahrung gemacht hat oder der etwas gespürt hat.

Ein Glaubenszeuge ist jemand, der Erfahrungen mit Gott gemacht hat, die von elementarer Bedeutung für sein Leben sind. Für ihn sind diese Erfahrungen so positiv, so heilbringend, dass er anderen diese für ihn existenziellen Erfahrungen mitteilen möchte, um auch ihnen diese Erfahrungen zu ermöglichen. Ein Zeuge ist nämlich auch jemand, der über das, was er gesehen, gehört, gespürt oder womit er Erfahrungen gemacht hat, spricht.

Viele Christen machen Glaubenserfahrungen, sprechen aber nicht darüber. Zum Wesen eines Zeugen gehört es, sein Wissen weiterzugeben. Wenn sich Katecheten oder auch Eltern bewusst sind, Glaubenszeugen zu sein, gehört in der Konsequenz auch dazu, Zeugnis darüber abzulegen. Es wird ihnen zum inneren Bedürfnis, diese Erfahrungen mit anderen zu teilen und sie fühlen sich von Gott beauftragt und gesandt. Beides sind Voraussetzungen dafür, dass ein Zeuge seine religiöse Überzeugung glaubwürdig vertreten kann.

Glaubwürdig ist jemand, dem man seine religiöse Überzeugung abnimmt. An seinem ganzen Wesen ist sie zu erkennen. Die Art und Weise wie er sie vermittelt, geht mit dieser Überzeugung einher. Er ist authentisch und wahrhaftig. Wort und Tat entsprechen sich. Es kommt darauf an, wie er das tut, was er tut. Es kommt darauf an, wie er bezeugt. Es geht nicht darum, nette Geschichten weiterzuerzählen. „Es geht darum, andere um ihrer selbst willen, um ihres Heils willen von dieser Wahrheit Gottes zu überzeugen, damit sie dann ihrerseits in Freiheit diese Wahrheit Gottes entsprechend leben und handeln."[1]

Denn um die Bezeugung der Wahrheit Gottes und sein geschichtlich heilvolles Handeln in den Menschen geht es im Wesentlichen – nicht einfach nur um eine Botschaft. Indem ein Zeuge dies bezeugt, wird er selbst Teil des heilvollen Handelns Gottes. Er stellt sich in die lange Reihe der Zeugen, die mit Jesus seinen Anfang nahm und mit den Jüngerinnen und Jüngern und allen Heiligen bis heute fortgeführt wird.

Dabei realisiert sich die eigene Gottesbeziehung „als zukunftsvolles Vertrauen, das die Lösungsperspektiven erweitert und Beziehungen unter Menschen stiftet."[2]

[1] P. Medard Kehl, in: Ihr werdet meine Zeugen sein, Hrsg. Fachbereich Verkündigung / Hauptabteilung Pastoral, Bischöfliches Generalvikariat Hildesheim 2006, S. 9

[2] Rolf Zerfass, a. a. O., S. 10

Der Vorkurs für Katecheten und Wegbegleiter

Wer sind die Katechetinnen und Katecheten und wie können sie gewonnen werden? Erstkommunionvorbereitung ist nicht in erster Linie Sache von Hauptberuflichen. Es muss einer Pfarrei immer wieder bewusst gemacht werden, dass die Sakramentenpastoral Aufgabe der gesamten Pfarrgemeinde ist. Daher sollten sich alle Menschen in der Pfarrei angesprochen fühlen, Zeugnis von ihrem Glauben zu geben. Dabei ist es unerheblich, ob es sich um Jugendliche, Eltern, Großeltern oder Nachbarn handelt.

Welchen Sinn und Zweck verfolgt ein Katechetenvorkurs?

Aus unserer Sicht gibt es drei wichtige Gründe, aus denen es uns sinnvoll erscheint, im Vorfeld der Erstkommunionvorbereitung einen Vorkurs für Katecheten anzubieten. Dieser sollte für alle Katecheten, die sich bis zum Beginn des Kurses zur Verfügung gestellt haben, einen möglichst hohen Verpflichtungsgrad beinhalten. Denn je mehr Katecheten hinter einem Konzept stehen und je besser sie darüber Bescheid wissen, desto höher ist ihre Identifikation damit. Auch ihre Überzeugung, dem Ziel einer guten Erstkommunionvorbereitung nahe zu kommen, wächst dadurch.

1. Einer der Gründe für einen Katechetenvorkurs liegt in der veränderten Glaubens- und Lebenswirklichkeit der Menschen von heute. Im Hinblick darauf kann die Erstkommunionvorbereitung, wie wir sie vor Jahren noch kannten, nicht dieselbe sein wie heute. Auch die Erstkommunionvorbereitung unterliegt einem Veränderungsprozess und entwickelt sich fortlaufend weiter. Die logische Folge davon sollte sein, auf die sich verändernden Gegebenheiten zu reagieren und Konzepte zu entwickeln, die bei dem „modernen" Menschen von heute eine Chance haben, anzukommen.
2. Der zweite Grund, der für einen Katechetenvorkurs spricht, ist die Tatsache, dass es immer schwieriger wird, ehrenamtliche Katecheten für eine Erstkommunionvorbereitung zu finden. Dazu kommt, dass deren Zeitkapazitäten sehr eingeschränkt sind. Ähnliches gilt für die Hauptberuflichen.
3. Der dritte und wesentliche Grund für einen Katechetenvorkurs liegt darin, dass sich die Schwerpunkte der Erstkommunionvorbereitung von einer Wissensvermittlung hin zu einer Vorbereitung entwickelt haben, in der es möglich ist, Glau-

benserfahrungen zu machen. Die Erstkommunionvorbereitung sollte nicht länger Erstkommunion-„Unterricht" sein, sondern vielmehr mystagogische Sakramentenpastoral, bei der es möglich ist, dem Geheimnis Gottes auf die Spur zu kommen (s. die Ausführungen S. 25 ff).

Zeitliche Planung

Wann sollte der Katechetenvorkurs stattfinden? Wie das Wort „Vor-Kurs" bereits andeutet, sollten die Katechetentreffen vor Beginn des eigentlichen Kommunionkurses stattfinden. Gute Erfahrungen haben wir mit der folgenden zeitlichen Abfolge gemacht:

September	Elterninfoabend
September	1. Teil Katechetenvorkurs: Katechetentreffen I
Oktober	2. Teil Katechetenvorkurs: Katechetentreffen II
November	3. Teil Katechetenvorkurs: Katechetentreffen III
Dezember	4. Teil Katechetenvorkurs: Katechetentreffen IV
Januar	Beginn des eigentlichen Kommunionkurses

Welche Themen behandelt der Katechetenvorkurs?

Unabhängig davon, dass sich jede Gruppe, die sich zum ersten Mal trifft, erst einmal kennen lernen sollte und sich die Teilnehmer in einem ersten Schritt vorstellen sollten, geht es in einem zweiten Schritt um die Vorstellung des Konzepts der Erstkommunionvorbereitung. Einfacher für das Verständnis ist es dabei, wenn strukturelle Veränderungen klar von inhaltlichen Schwerpunkten getrennt werden. Zwar interessiert es natürlich die Teilnehmer, wie viel Zeit sie in die Erstkommunionvorbereitung investieren müssen und wie viele Termine es geben wird. Dies betrifft sowohl den Katechetenvorkurs als auch die eigentliche Erstkommunionvorbereitung und die damit verbundene Katechetenbegleitung. Strukturelle oder organisatorische Fragen gehören daher auf jeden Fall geklärt. Allerdings darf die Diskussion z. B. um den Termin der Erstkommunionfeier nicht die Oberhand über die inhaltlichen Fragen einer Erstkommunionvorbereitung gewinnen. Für den gesamten Kommunionkurs sollte die Frage der inhaltlichen Ausrichtung Priorität haben. So gehören zur Vorstellung des Konzepts selbstverständlich auch die Inhalte der Vorbereitungstreffen (Liturgiekatechesen) mit den Erstkommunionkindern, die sich an der Liturgie des Gottesdienstes orientieren.

46   Bei einem **zweiten Treffen** des Katechetenvorkurses steht das Thema „Weggottesdienst" im Mittelpunkt, der die Liturgiekatechesen einleitet und ausklingen lässt. In einem ersten Schritt wird dabei die Frage geklärt: „Weggottesdienst – was ist das?" Dabei können Themen wie z. B. der Wegcharakter des Gottesdienstes und der Schwerpunkt des Einübens von Symbolhandlungen, wie etwa des Kreuzzeichens angesprochen werden. Da es gerade in der mystagogischen Sakramentenpastoral wichtig ist, nicht nur theoretisch über etwas zu erzählen bzw. darüber etwas zu hören, ist die logische Konsequenz, in einem zweiten Schritt einen Weggottesdienst gemeinsam zu feiern. Für die gemeinsame Feier bietet es sich in den meisten Pfarrgemeinden an, in die Kirche zu gehen, dort zu feiern und anschließend wieder in den Versammlungsraum zurückzukehren. In einer kleinen Abschlussrunde ist es angebracht, das gerade gemeinsam Erlebte zu reflektieren. Bei dieser Reflexion geht es darum, dass die Teilnehmer sich bewusst werden, was sie bei diesem Gottesdienst empfunden haben. Es geht nicht einfach darum, zu sagen, was gut oder was schlecht war. Denn im Feiern eines Weggottesdienstes und im Achten auf die eigenen Empfindungen können die Katecheten ermessen, wie ein solcher Gottesdienst auf die Kinder oder auf die Eltern der Erstkommunionkinder wirkt und was diese dabei empfinden.

     Wurden in den ersten beiden Treffen grundsätzliche strukturelle und inhaltliche Fragen angesprochen und geklärt, ist es in einem **dritten Treffen** Zeit, sich mit einem Bibeltext, der Thema in der Erstkommunionvorbereitung ist, auseinander zu setzen. Eine für viele Teilnehmer neue Möglichkeit ist das Bibelteilen. Die Erfahrung zeigt, dass Bibelteilen eine Möglichkeit ist, sich auch mit Kindern einem Bibeltext zu nähern. Ein Bezug zu ihrem Leben lässt sich vielfach schnell herstellen.
Tipp: Das Bibelteilen in 7 Schritten kann auch in vereinfachter Form durchgeführt werden. Wichtig dabei sind das Hören, die Stille und das Teilen des Wortes Gottes. Zu Beginn sollte ein einladendes Gebet stehen, welches Christus – mit einfachen Worten – in der Runde willkommen heißt. Am Schluss kann ein frei formuliertes Gebet oder das gemeinsam gesprochene Vaterunser stehen.

     Das **vierte und letzte Treffen** des Katechetenvorkurses steht ganz im Zeichen von organisatorischen Dingen, die noch geregelt werden müssen: Welche Katecheten leiten zusammen eine Gruppe? Welche Kinder sind in welcher Gruppe? Wie ist der Ablauf des Kennenlerntreffens? Wie ist der Ablauf des Begrüßungsgottesdienstes? Wer von den Katecheten kann welche Aufgabe übernehmen?

     Die Katecheten haben die Chance, sich in diesen vier Treffen des Katechetenvorkurses näher kennen zu lernen und zu einer Gemeinschaft zu werden, die ein gemeinsames Ziel verfolgt. So ist bereits etwas entstanden, bevor der eigentliche Kommunionkurs beginnt. Erfahrungsgemäß wirkt sich dies auch auf den Kommunionkurs positiv aus.

Die vier Themen der Treffen des Katechetenvorkurses

1. Kennenlernen, Vorstellen der Personen und des Konzeptes
2. Vorstellen der Weggottesdienste, einen Weggottesdienst feiern und ihn reflektieren
3. Inhaltliche Auseinandersetzung mit einem Bibeltext
4. Organisatorisches: Einteilen der Gruppen, Vorbereiten des Kennlerntreffens

Begleitung der Katecheten während des Kommunionkurses

Wenn der Katechetenvorkurs abgeschlossen ist, beginnt der Kommunionkurs für die Kinder und ihre Eltern. Er besteht aus sechs Liturgiekatechesen und einem Wochenende zum Thema Versöhnung. Jede der Katechesen und das Wochenende müssen organisatorisch und inhaltlich vorbereitet werden. Es empfiehlt sich, jeweils in der Woche vor den Liturgiekatechesen ein Treffen der Katecheten zu terminieren, um das jeweils bevorstehende Thema vorzubereiten.

Für eine wirkliche Katechetenbegleitung ist allerdings nicht nur die Vorbereitung der bevorstehenden Katechese notwendig, sondern im gleichen Maße die Reflexion der vorangegangenen Katechese. Fragen werden besprochen, z. B.: Wie bin ich zurechtgekommen? Wie sind die Kinder miteinander umgegangen? Wie sind sie mit dem Thema zurechtgekommen? Wie gefiel ihnen die Art und Weise, wie es vermittelt wurde? Gab es Probleme im zwischenmenschlichen Bereich? Wie sind Kinder und Katecheten mit dem zur Verfügung stehenden Zeitrahmen zurechtgekommen? Können Hauptberufliche helfen? Können sich die Katecheten untereinander Tipps oder Ratschläge geben?

Für das Gelingen der gesamten Erstkommunionvorbereitung ist es gut, wenn unter den Katecheten und auch in deren Beziehung zu ihrer Leitung eine vertrauensvolle Atmosphäre herrscht. Diese sollte gekennzeichnet sein von gegenseitigem Respekt vor den individuellen Fähigkeiten der einzelnen Personen.

Tipp: Gehen Sie mit Terminvorschlägen in eine Sitzung. Dann ist auch für Sie selbst eine bessere und langfristigere Terminplanung möglich. Da es sich um Vorschläge handelt, ist eine Änderung so besser möglich, falls ein Termin überhaupt nicht in Frage kommen sollte.

Katechetentreffen I:
Kennenlernen, Vorstellen der Personen und des Konzepts

Vorbereitung
Tuch, Kerze, Kreuz, Liedzettel, Postkarten

Hinweis: Angaben zu den Liedvorschlägen – soweit die Lieder nicht abgedruckt sind – finden Sie jeweils auch im Anhang ab S. 161.

▶ **Begrüßung und Vorstellungsrunde**
Lied: *„In deinen Augen"* (s. Anhang, S. 156)

Für die Vorstellungsrunde wird eine Auswahl an verschiedenen Postkarten ausgelegt. Jede/r der Teilnehmer/innen wählt eine Postkarte aus und stellt sich vor. Impulse: „Warum hast du diese Postkarte ausgewählt?" – „Wenn ihr an Erstkommunionvorbereitung denkt, welches Bild fällt euch da ein?" – „Wer macht zum ersten Mal als Katechet mit?"

▶ **Vorstellung des Konzepts**
Mögliche Gedankenführung: Erstkommunionvorbereitung soll einen Weg des Christwerdens einleiten. Christ werden können wir nicht in kurzer Zeit – und schon gar nicht (z. B. in einem Unterricht) lernen. Bei Kindern ist schön zu erkennen, wie sie Dinge übernehmen, ohne dass wir dafür etwas getan haben – im Positiven wie im Negativen. Glauben soll als ein Weg des Christwerdens gesehen werden. Eltern sind dabei sehr wichtig – sie müssen dafür eingebunden werden. Sie sollen dabei sein und es erleben. Früher ist man davon ausgegangen: Wenn man als junger Mensch Erfahrungen im Glauben gesammelt hat, dann ist man „dabei" – dann ist man „drin". Das stimmt so nicht. Wir müssen in jeder Lebensphase neu unsere Erfahrungen im Glauben machen. Ansonsten hat es mit dem Leben, das jeder Einzelne von uns lebt, nichts zu tun. Ich kann mich nicht auf „früher" berufen, wie schön es war. Was heißt das heute für mich – zu glauben?

Wir möchten Glauben erfahrbarer und erlebbarer machen. Wie können wir vom Lernen (Unterricht) zu mehr Erfahrungen kommen? Wie können wir von einem katechetisch-verschulten Weg zu einem katechumenalen Weg (Hineinwachsen in den Glauben) kommen? Wie kann ein Hineinwachsen in die Kirche aussehen? Was sagt mir die biblische Botschaft? Was hat das mit mir zu tun?

Dies sind alles Gedanken und Fragen, die uns dazu gebracht haben, die Vorbereitung auf die Erstkommunion so zu gestalten, wie sie jetzt aussieht.

Falls vorgesehen: Eingliederung der Erstkommunionvorbereitung in das Projekt 010.

▶ **Vorstellung der Inhalte der 6 Liturgiekatechesen**

Unsere Themen werden in der Liturgie vertieft. Die Vorbereitungstreffen nennen wir deshalb „Liturgiekatechesen". Die Inhalte unserer Liturgie – unserer Heiligen Messe – sind folgende liturgische Grundelemente, die im Tun vertieft werden:

- Danken
- Bitten
- Teilen
- Empfangen – sich öffnen
- Eins werden
- Anbeten
- Versöhnung

Außerdem werden liturgische Haltungen eingeübt:

- Still werden
- Hören
- Schreiten (Prozession)
- Gebetshaltungen

Wie können wir diese Themen besser verstehen? – Unser Arbeitsmaterial (Mappe) ist die Bibel, eine andere Mappe benötigen wir und die Kinder nicht.

Ein eigenes Vorbereitungs-„Thema" gibt es nicht. Das Thema für die Vorbereitung ist: *die persönliche Begegnung mit Jesus Christus.* Ihren Höhepunkt findet sie im Erstkommuniongottesdienst.

▶ **Wiederkehrender Ablauf der 6 Liturgiekatechesen**

- Gemeinsamer Beginn im „Weggottesdienst": Einüben von Stille und Gebet
- Vertiefung des Schrifttextes in Kleingruppen: Kinder
- Abschließender Gottesdienst: vertiefendes Feiern eines Elementes

▶ **Begleitung durch Katecheten**

Einführung ins Selbstverständnis der Katecheten: Die Kinder werden begleitet: einmal durch die Eltern; außerdem durch Menschen, die aus der Gemeinde kommen. Ohne Begleitung ist ein Hineinwachsen in die Praxis des Glaubens und in die Gemeinschaft der Kirche nicht möglich.

Eine der wichtigsten Aufgaben eines Katecheten besteht darin, dem Erstkommunionkind und seinen Eltern zu verdeutlichen, dass der Glaube mehr ist als ein intellek-

50 tueller Lernvorgang. Wenn Kinder und Eltern das spüren, dann sind sie oft tief berührt. Dann wird deutlich, dass der Glaube ganz unmittelbar etwas mit meinem Leben und mir persönlich zu tun hat.

Die Begleitung von Menschen, die sich auf ein Sakrament vorbereiten, bringt die große Chance mit sich, im Mitgehen und Mitfeiern die eigene Taufberufung neu zu entdecken und sich ihrer neu bewusst zu werden – mein Christsein neu zu entdecken.

Ihr seid Glaubens-Zeugen.

Was ist ein Zeuge? – Ein Zeuge ist jemand, der etwas gesehen hat, der etwas gehört hat, der eine Erfahrung gemacht hat, der etwas gespürt hat. Ein Zeuge behält das nicht für sich. Er gibt es weiter, er spricht darüber. Zeugen legen Zeugnis ab – das geschieht oft im ganz Kleinen und nicht durch große Vorträge:
Es geschieht durch Vorbild-Sein:

- Wie gehen wir miteinander um?
- Wie sprechen wir miteinander?
- Wie begrüßen wir uns?
- Nehmen wir Rücksicht?
- Wie hören wir einander zu?

Katechet sein bedeutet, diese bedeutende Aufgabe zu übernehmen. Der große Kreis ist gut, um sich gegenseitig zu stärken und zu unterstützen.

▶ **Lied**
„Gottes guter Segen sei mit euch" (s. Anhang, S. 152)

Katechetentreffen II:
Weggottesdienste – thematische Einführung

▶ **Hinführung: „Weg"-Gottesdienst – was ist das?**
Da die Glaubensweitergabe nicht mehr selbstverständlich in der Familie stattfindet, werden verstärkt Erwachsene mit in den Blick der Erstkommunionvorbereitung genommen. Mit den „Weggottesdiensten" sollen Kindern und Eltern (Paten, Freunden, Oma, Opa ...) gemeinsame Gottesdiensterfahrungen ermöglicht werden, die die Feier der Heiligen Messe erschließen.

Warum Weggottesdienste?   51
- Wir sind auf dem Weg zu Gott: unser Lebens- und Glaubensweg.
- Wir gehen einen Weg durch die Kirche: Kirchenraum erkunden.
- Wir gehen den Weg in Gemeinschaft.
- Wir sind als Katecheten (Menschen, die die Glaubensbotschaft „säen") selbst auf dem Weg.
- Wir gehen einen Weg durch die Heilige Messe: in die Liturgie hineinwachsen. Dies geschieht im „sich Sammeln" – im „Sprechen" – im „Tun" – im „Gehen", beim „Beten".
- Symbolhandlungen werden eingeübt: Kreuzzeichen, Kniebeuge, Stille

Weggottesdienst in der Kirche

Vorbereitung
Lesepult, Kerzen, Evangeliar, Liedzettel

▶ **Lied**
„In deinen Augen" (s. Anhang, S. 156)

▶ **Prozession**
mit Evangeliar, Kreuz, 2 Kerzen; gemeinsames Kreuzzeichen am Eingang der Kirche

▶ **Zeit der Stille**
Wir wollen uns nun einen Augenblick Stille gönnen. Dafür suchen wir uns jetzt irgendwo in der Kirche einen Platz, um in Stille Gott diesen Tag zu schenken.
Gebet der liebenden Aufmerksamkeit wird in die Stille gesprochen:
Wir dürfen nach diesem Tag ausruhen. Lassen wir den Tag mit allem, was war, noch einmal an uns vorbeiziehen: vom Aufstehen – das Frühstück – den Vormittag bei der Arbeit oder zu Hause – das Mittagessen – den Nachmittag – das Zusammensein mit den Kindern – den Abend – die Familie – ... Was hat mich besonders berührt an diesem Tag? Gab es etwas, worüber ich mich besonders gefreut habe?

▶ **Prozession nach vorne**
Vor dem Altar kommen alle im Halbkreis zum Stehen.

▶ **Kniebeuge**
Jeder Einzelne spricht beim Niederknien: Gott, vor dir bin ich klein.
Beim Aufrichten: Gott, mit dir bin ich groß.

52 ▶ **Gebet**

Folgendes Gebet wird von einer Person vorgesprochen; alle anderen sprechen nach:

Barmherziger Gott,
in unserem Kopf sind viele Gedanken.
Alles, was wir in unserem Leben gehört und gesehen haben,
ist darin gespeichert.
Auch das Wort Gottes wollen wir hören und verstehen.
(Alle bezeichnen sich mit dem Kreuz auf die Stirn)

Mit unserem Mund können wir sprechen und singen.
Wir können schweigen.
Wir wollen den Mund schließen, damit wir Gottes Wort hören können.
Zu Hause oder bei der Arbeit öffnen wir unseren Mund,
um Gottes Frohe Botschaft weiterzusagen.
(Kreuz auf den Mund)

In unserem Herzen bewahren wir alle wichtigen Dinge.
Wir wollen auch Gottes Wort darin bewahren,
damit wir danach leben können.
(Kreuz auf das Herz)

▶ **Hallelujaruf und Evangelium**

Hallelujaruf (nach Wahl)
Evangelium: Das Gleichnis vom Sämann (Mt 13,1–9)
Hallelujaruf (nach Wahl)
Gedanken zum Evangelium: Auch wir sind „Säleute": Wir säen, indem wir etwas tun, jemanden anschauen, lächeln, etwas sagen, eigentlich in allem. In jeder Begegnung säen wir. Wir wissen nicht, was daraus wird, wie es bei dem anderen ankommt!

▶ **Stille, persönliches Gebet**
- Tagesreflexion
- Wir dürfen „Säleute" sein
- Bitten

▶ **Vaterunser**

▶ **Lied**

„Gottes guter Segen sei mit euch" (s. Anhang, S. 152)
Zum Abschluss Verbeugung vor dem Herrn.

Eine Abschlussreflexion dieses Weggottesdienstes schließt sich an.

Katechetentreffen III:

Inhaltliche Auseinandersetzung mit einem Bibeltext

Vorbereitung
Kerze, Liedzettel, Bibeln, Karten, Zettel, Stifte

▶ **Lied**
„In deinen Augen" (s. Anhang, S. 156)

▶ **Gebet**
kann frei formuliert werden – bezogen auf die Situation

▶ **Bibelteilen (in 3 Zimmerecken nach der Wörtermethode):**
Psalm 139

1. Wir wählen 15 Wörter aus dem Psalm 139 aus
   und schreiben jedes Wort auf eine Karte.
2. 3 Wörter werden in 3 verschiedene Ecken des Raumes gelegt.
3. Die Katecheten gehen herum und bleiben bei dem Wort stehen,
   welches sie anspricht.
4. Kurzer Austausch mit denjenigen, die auch bei dem Wort stehengeblieben
   sind: Was hat mich angesprochen? Warum bin ich hier stehengeblieben?
5. Jeder schreibt sein Wort auf einen Zettel.
6. Nach ca. 3 Minuten werden die nächsten 3 Wörter ausgelegt.
7. Vorgang wiederholt sich (insgesamt 5-mal)
8. Nach dem alle 15 Wörter ausgelegt waren und jeder 5 Wörter auf seinem
   Zettel stehen hat, treffen sich alle wieder im Stuhlkreis.
9. Gebet: Die ausgewählten Wörter werden in einem Text/Gebet zusammenge-
   fasst bzw. die Wörter werden einzeln gesprochen.
10. Anschließend Austausch: Wie habe ich das Bibelteilen erlebt?

▶ **Lied**
„Von allen Seiten umgibst du mich" (s. Anhang, S. 158)

Katechetentreffen IV:
Organisatorisches, Vorbereitung des Kennenlerntreffens

▶ **Einteilung der Kinder in die Kleingruppen**

▶ **Vorbereitung des Kennenlerntreffens**

Begleitung der Kinder durch die Eltern bzw. Erwachsene

„In der Katholischen Kirche soll, wann immer möglich, einem Täufling eine Person zur Seite gestellt werden, die ihn auf dem Weg zur Taufe begleiten und für seine rechte Vorbereitung gegenüber der Gemeinde bürgen soll." (Codex Juris Canonici 1983, c. 872)

Die Erstkommunionvorbereitung kann demnach nur gelingen, wenn das Erstkommunionkind Begleitung erfährt. Ohne Begleitung ist ein Hineinwachsen in die Praxis des Glaubens und in die Gemeinschaft der Kirche nicht möglich. Der Katechet ist die erste Ansprechperson und Bezugsperson eines Erstkommunionkindes. Ihm fällt die wichtige Aufgabe zu, es in den Glauben und die Liturgie einzuführen und ihn mit Gottesdiensten und Feiern im Kirchenjahr vertraut zu machen.

Des Weiteren macht er ihn mit Menschen der Gemeinde bekannt, durch die Erstkommunionkinder und Eltern zusätzliche Unterstützung und Begleitung erfahren. Dadurch wird eine aktive Teilnahme am Gemeindeleben eher ermöglicht. Denn „Christ kann ich nur werden durch die Einbindung in eine Gemeinschaft von Christen. Christ bin ich nicht allein, sondern immer zusammen mit anderen."[1] Erst in einer Gemeinschaft der Glaubenden ist es möglich, den christlichen Glauben tiefer kennen zu lernen und Fragen und Themen des Glaubens auszutauschen und zu besprechen. Hier wird es auch möglich, zu beten und den Glauben zu teilen.

Eine der wichtigsten Aufgaben des Katecheten besteht darin, dem Erstkommunionkind und seinen Eltern zu verdeutlichen, dass der Glaube mehr ist als ein intellektueller Lernvorgang. Es geht nicht in erster Linie um Wissensvermittlung. Wenn Erstkommunionkinder und ihre Eltern spüren, dass der Glaube keine reine Sache des Wissens, Lernens oder des Verstandes ist, sind sie oft erstaunt. Der Glaube ist genauso eine Sache aller sieben Sinne und nicht zuletzt eine Sache des Herzens. Tief berührt sind sie, wenn sie sich öffnen für Neues und ihnen Gelegenheit geboten wird, Glaubenserfahrungen zu machen: wenn Geist und Seele des Menschen sich Raum schaffen und der Aufbau einer Beziehung zu Gott ermöglicht wird; dann, wenn wirkliche Glaubens- und Gotteserfahrungen möglich werden.

Dies ist der Punkt, an dem deutlich wird, dass der Glaube ganz unmittelbar etwas mit meinem Leben und mir persönlich etwas zu tun hat. Er ist nichts, was wie ein Hobby mein Leben nur punktuell berührt. Er ist vielmehr Teil meines Lebens und durchwirkt es wie Fäden einen Stoff. Denn Glaube, Liturgie und Leben sind aufeinander bezogen. Dies beschreibt auch die Communio-Ekklesiologie des II. Vatikanischen Konzils.

Ein Katechet ist niemals unbeteiligt. Er ist nie nur Zuschauer. Vielmehr bringt die Begleitung von Menschen, die sich auf ein Sakrament vorbereiten, die große Chance mit sich, im Mitgehen und Mitfeiern die eigene Taufberufung neu zu entdecken und sich des Geschenks der Taufe neu bewusst zu werden und das Spezifische des Christlichen wieder klarer zu erkennen und zu leben.

---

[1] Erzbischof Dr. Robert Zollitsch in der Vesper am 29.2.2004 zur „Feier der Zulassung für Taufbewerber/innen aus der Erzdiözese Freiburg"

Elterninfoabend zur Erstkommunion

▶ **Einstieg**
Begrüßung und Vorstellung. Der Ablauf des Abends wird vorgestellt.

▶ **Lied**
„Wo zwei oder drei" (in: Troubadour für Gott, Nr. 95)
Während des Liedes wird die Jesuskerze entzündet.

56

▶ **Vorstellrunde**

Die verschiedenen Teile der Gemeinde bzw. Kirchorte werden genannt und durch Aufzeigen deutlich gemacht, wer aus welchem Ort/Stadtteil kommt.

Weitere Fragen:

- Wer von Ihnen hat einen Jungen, der zur Erstkommunion gehen wird?
- Wer von Ihnen hat ein Mädchen?
- Bei wem ist es das erste Kind?

Papierstreifen werden verteilt, auf die die Eltern den Namen Ihres Kindes schreiben. Es folgt eine kurze Vorstellrunde: Namen, Wohnort, Name des Kindes; Eltern legen dann den Namen des Kindes zur Mitte. Dazwischen wird jeweils der Vers „*Das wünsch ich sehr*".

▶ **Vorstellen des Kommunionkurses**

1. Der Rahmen ist das Gesamtkonzept „Projekt 010": Wer war in einer Krabbelgruppe/in einem Spielkreis der Gemeinde? Wer war in einem unserer Kindergärten? Das sind Orte, an denen Kirche stattfindet, Kirche erlebbar wird.

- Im Pastoralteam hat uns beschäftigt, wie Erstkommunionvorbereitung weitergehen kann mit immer weniger Arbeitszeit von Seiten der Hauptberuflichen.
- Glaube ist kein punktuelles Ereignis, man kann es nicht in kurzer Zeit erlernen, es ist ein Weg: Christ werden/Christ sein ist ein Prozess (Beispiel Musikinstrument).
- Eine Frage, die sehr bedeutend für uns ist: Wie können wir Eltern stärker mit einbinden? Es geht darum, gemeinsam Erfahrungen im Glauben – Erfahrungen mit Gott – zu machen, damit wir uns darüber austauschen können.
- Unser Wunsch war es, Glauben erfahrbarer und erlebbarer zu machen, also vom Lernen, vom Unterricht zu mehr Erfahrungen zu gelangen: Was sagt mir die biblische Botschaft? Was hat das mit mir zu tun – mit meinem Leben? Wir nennen das heute „mystagogische Sakramentenpastoral", ein Hineinwachsen in das Geheimnis der Kirche!
- Aus diesen Überlegungen ist unser Projekt 010 entstanden: Was gibt es schon alles im Alter von 0 bis 10 Jahren an Angeboten: Spielkreis ...
- Wie können wir mehr freiwillige Angebote für Kinder und Eltern anbieten?
- Wenn wir uns vernetzen, dann wird ein Glaubensweg erkennbar: über Spielkreis, Kindergarten, Schule, Gemeinde ...

2. Begleitung der Eltern, Mitgehen auf dem Weg:
Erstkommunionvorbereitung ist kein Unterricht – es ist ein Weg!

- Wie lernen Kinder? Kinder lernen durch Nachahmung: Sie schauen sich alles bei den Erwachsenen ab – in allen Bereichen. Beispiel Straßenverkehr: Kinder übernehmen alles! Im Positiven wie im Negativen.

- Glauben ist etwas ganz „Persönliches" – Glauben ist aber nicht „Privatsache". Glauben ist nicht auf zwei Stunden Erstkommunionvorbereitung in der Woche beschränkt, es ist kein Hobby. Glauben und Leben gehören zusammen. So wie Eltern ihren Glauben leben – so werden es auch die Kinder tun!

Eine „Basis des Miteinanders" zu erleben ist heute selten. Dazu gehört: gemeinsam essen und trinken, zuhören, teilen, vergeben, bitten, danken. Dazu brauchen wir Sie, damit die Kinder das auch im „normalen Alltag" erleben.

- Begleitung durch eine erwachsene Person während der Erstkommunionvorbereitung: Was heißt Begleitung? Ein gemeinsames Einüben von Ritualen, von Gebeten, gemeinsam den Gottesdienst erleben und nicht das Kind an der Tür abgeben. Das Kind soll während der Erstkommunionvorbereitung von einer erwachsenen Person (Elternteil, Pate, Opa/Oma, Freund …) begleitet werden: Man kann sich über das Erfahrene und Erlebte austauschen – das geht nur, wenn ich es mit jemandem gemeinsam erlebt habe …
- Rituale in der Familie sind wichtig: gemeinsames Beten, Innehalten, auf den Tag schauen, Was war schön? Was war schwierig? Wenn ein Kind zu Hause erfährt, dass es beschützt und geliebt wird, dann kann es auch die Gewissheit bekommen: Gott beschützt mich, Gott liebt mich, Gott schenkt mir Hoffnung.
- Vom Zuschauer zum „Mitfeiernden" (positive Erfahrung bei der Erstkommunionfeier)
- Einen Herrgottswinkel zu Hause einrichten

▶ **Katecheten – Wegbegleiter – Glaubenszeugen**
Eine Katechetin/ein Katechet berichtet: Was hat mich motiviert, das zu tun?
Vorkurs: Was heißt das für mich?

▶ **Terminübersicht**
Die Inhalte der Treffen werden erläutert und eine Terminübersicht ausgeteilt.
- Kennenlerntreffen und Vorstellungsgottesdienst
- Liturgiekatechesen
- Gottesdienste
- Versöhnungswochenende
- Erstkommunionsonntage

▶ **freiwillige Angebote der Gemeinde für die Kinder**
- Krippenspiel
- Sternsingeraktion

- Übernachtungswochenende im Gemeindehaus
- Eventuell Angebote für die Eltern

▶ **Anmeldung**

Persönliche Anmeldung: Termine und Anmeldeformulare werden ausgeteilt.

Weggottesdienst in der Kirche

> **Vorbereitung**
> eine Kerze für jede/n Teilnehmer/in, CD mit dem Lied „Großer Gott, wir loben dich",
> Liedzettel

▶ **Kreuzzeichen**

Nach dem Eintreten in die Kirche, wird das Kreuzzeichen gemacht und gedeutet:

- „Von oben nach unten – der Balken des Kreuzes, der Himmel und Erde verbindet."
- „Von rechts nach links – der Balken, der uns untereinander verbindet."
- „Wir wollen gemeinsam das Kreuzzeichen machen und dazu sprechen wir:
  Im Namen des Vaters und des Sohnes und des Heiligen Geistes ..."

▶ **Stille**

Die Eltern nehmen sich eine Kerze und suchen sich irgendwo in der Kirche einen Platz.
Sie werden angeleitet:

- Zeit, den Tag noch einmal an sich vorbeiziehen zu lassen
- Zeit, still zu werden
- ...

▶ **Lied und Impuls**

Das Lied „*Großer Gott, wir loben dich*" wird von einer CD in die Stille eingespielt.
(aus: CD zur Aktion Dreikönigssingen 2007; Hrsg: Kindermissionswerk „Die Sternsinger", 52064 Aachen)

Refrain: *Großer Gott, wir loben dich,*
        du gabst uns das Leben.
        Großer Gott, wir brauchen dich,
        um nach vorn zu sehn.

Manchmal sind die Tage schwer, Ängste zu bestehen.
Neig dich bitte zu uns her, gib uns Mut zum Gehen.

Oft sind Worte schnell gesagt, Taten schnell begangen.
Fehlt uns da ein guter Rat, bleiben wir gefangen.

Doch es stehn uns Wege frei, müssen uns entscheiden.
Es ist uns nicht einerlei, wenn heut Kinder leiden.

Immer, wenn wir fröhlich sind, wolln wir an dich denken
und den Menschen neben uns, deine Freude schenken.

▶   **Gebet am Altar**
Die Eltern sind eingeladen, ihr Licht auf den Altar zu stellen; wer mag, kann dazu eine
Bitte bzw. einen Dank für das Kommunionkind aussprechen.

▶   **Vaterunser**

▶   **Segen**
Um deinen Segen bitten wir,
dass er uns trage in den Stunden der Nacht.
Um deinen Segen bitten wir,
dass er uns Kraft sei am Tage.
Um deinen Segen bitten wir,
dass wir an deiner Seite bleiben –
heute und alle Tage unseres Lebens:
Du Vater, Sohn und Heiliger Geist.
Amen.

▶   **Lied**
„Gottes guter Segen sei mit euch" (s. Anhang, S. 152)

DIE VORBEREITUNGS- TREFFEN

FÜR KINDER UND IHRE ELTERN

Vorbereitungstreffen am Samstag

Im Folgenden finden Sie den gesamten inhaltlichen Ablauf des Kommunionkurses. Änderungen bzw. Anpassungen an die je konkrete Situation vor Ort sind möglich und erwünscht.

1. Kennenlerntreffen an einem Samstagnachmittag mit anschließendem Begrüßungs- und Vorstellungsgottesdienst (Dauer ca. 3 Stunden)
2. Vorbereitungstreffen am Samstagvormittag: Diese haben alle die gleiche Struktur:
   - Teil I (Dauer ca. ½ Stunde): Treffen der Erstkommunionkinder und ihrer Eltern (bzw. Elternteil oder ein erwachsener Begleiter: Pate, Großmutter, Freund, ältere Geschwister ...) sowie der Katecheten im Gemeindehaus.
   - Gemeinsam ziehen alle in die Kirche. Nach Kreuzeichen, der Kniebeuge und einem Gebet wird ein Text aus der Bibel vorgelesen. Anschließend gehen die Kinder mit ihren Katecheten zur Vertiefung des Themas ins Gemeindehaus.
   - Teil II (Dauer ca. 1 Stunde): Die Kinder befassen sich in ihren Kleingruppen mit dem Thema. An zwei Terminen sind die Eltern eingeladen, sich in der Kirche mit den Themen „Versöhnung" und „Eucharistie" auseinander zu setzen.
   - Teil III (Dauer ca. 20 Minuten): Die Kinder treffen sich zusammen mit ihren Katecheten und Eltern im Gemeindehaus. Gemeinsam gehen alle in die Kirche, um dort den Abschluss zu feiern.

Gottesdienste am Sonntag

„Dennoch ist die Liturgie der Höhepunkt, dem das Tun der Kirche zustrebt, und zugleich die Quelle, aus der all ihre Kraft strömt."[1]

Das, was das II. Vatikanische Konzil über die Liturgie schreibt, ist den meisten Erstkommunion-Familien heute fremd. Sie haben keinen Zugang zur sonntäglichen Liturgie. Und so, wie wir die sonntägliche Liturgie in den meisten Fällen feiern, können diese Menschen auch keinen Zugang dazu bekommen.

Wir haben uns gefragt: Wie können wir dennoch mit unseren Erstkommunion-Familien am Sonntag Gottesdienst feiern?

Bei den Weggottesdiensten in den Vorbereitungstreffen spüren wir ganz stark, dass die Familien sich angesprochen fühlen. Sie sind mitten im Geschehen und lassen sich ganz auf das Einüben von liturgischen Handlungen und die Vertiefung liturgischer Grundelemente ein. Die Weggottesdienste leben von der Wiederholung und von einfachen Worten.

Die Gottesdienste, die wir an den Sonntagen feiern, sollten deshalb „ansprechend" sein. Wenn die Menschen sich angesprochen fühlen, sind sie dabei. Außerdem

62

gestalten wir diese Gottesdienste u. a. mit den Liedern, die die Familien aus den Vorbereitungstreffen kennen.

Diesen Gottesdiensten sollte der Priester vorstehen, der die Erstkommunionvorbereitung begleitet und dem Erstkommuniongottesdienst vorsteht.

Die Gottesdienste am Sonntag sind eine wichtige Säule der Erstkommunionvorbereitung. Die Verantwortlichen sollten dies klar benennen und die Teilnahme daran von den Familien einfordern.

---

[1] Sacrosanctum concilium: 1. Kapitel / I.: Das Wesen der heiligen Liturgie und ihre Bedeutung für das Leben der Kirche

Kennenlerntreffen der Kommunionkinder

mit Begrüßungs- und Vorstellungsgottesdienst

Vorbereitung
- Liedermappe der Pfarrgemeinde bzw. Liedzettel, Gitarre
- Gruppenkerzen (pro Gruppe 1 Kerze)
- Wachs, Messer, Unterlagen
- Namensschilder
- Kleine Kreuze zum Umhängen
- 4 Körbe mit den Namen der Kommunionkinder

▶ **Begrüßung/Kreuzzeichen**

Nachdem die Kommunionkinder zu Beginn ein Namensschild bekommen haben, versammeln sich alle Teilnehmer (Kommunionkinder, Katecheten, Gemeindereferentin und Pfarrer) im Gemeindehaus.

Der/die Leiter/in[1] (im Folgenden L genannt) begrüßt die Teilnehmer/innen (im Folgenden TN genannt).

L lädt die TN ein, sich zu sammeln, ruhig zu werden und die Hände zu falten und leitet über zum Kreuzzeichen: „Wir wollen unseren Weg gemeinsam beginnen im Zeichen unseres Glaubens und sprechen: Im Namen des Vaters und des Sohnes und des Heiligen Geistes. Amen."

▶ Gebet/Lied

L leitet das folgende Gebet an. L betet eine Zeile vor, die TN sprechen die jeweilige Zeile nach:

> Guter Gott,
> wir haben uns hier um dich versammelt:
> Du bist das Licht in unserer Mitte.
> Heute beginnt die Erstkommunionvorbereitung.
> Auf diesem Weg wollen wir dich kennenlernen.
> Wir möchten dir nahe sein.
> Wir bitten dich:
> Schenke uns offene Herzen für dich und für unsere Mitmenschen.
> Erleuchte unsere Herzen mit deinem Licht.
> Begleite uns heute Nachmittag mit deinem Geist.
> Darum bitten wir dich,
> unseren Bruder und Herrn. Amen.

Nach dem Gebet stimmen alle ein in das Lied *„Wo zwei oder drei in meinem Namen versammelt sind"*. Während des Liedes zündet ein Kind die große Kerze in der Mitte des Raumes an.

▶ Lieder zur Einstimmung

Zur Einstimmung auf den Weg der Erstkommunionvorbereitung folgt nun eine Singphase. Die Kinder können sich Lieder wünschen, die gesungen werden sollen. Dafür steht die Liedermappe der Gemeinde zur Verfügung.

▶ Vorstellrunde

L lädt die Kinder und Katecheten nun ein, sich mit Namen vorzustellen.

▶ Spiele

Es folgt eine Spielrunde im großen Kreis (z.B. Kennenlernspiele).

64   ▶   **Gruppeneinteilung**

Es folgt nun die Einteilung in die Kleingruppen. Dies geht folgendermaßen vor sich:

1. Die Gruppenleiter/innen stellen sich vor.
2. Die Gruppenleiter/innen rufen ihre Gruppenkinder auf.
3. Die Gruppe geht in den jeweiligen Gruppenraum.

▶   **Kleingruppenphase**

In der Kleingruppe haben Katecheten und Kommunionkinder Gelegenheit, sich näher kennen zu lernen. Lieder und Kennenlernspiele sind dabei sehr hilfreich. Außerdem wird nun die jeweilige Gruppenkerze gestaltet. Dafür stehen Wachs, Messer etc. zur Verfügung.

▶   **Begrüßungs- und Vorstellungsgottesdienst**

Das Kennenlerntreffen endet mit einem Gottesdienst. Zu diesem Gottesdienst sind die Eltern und Geschwister der Kommunionkinder ebenfalls eingeladen.

Die Kommunionkinder und Katecheten ziehen mit ihren Gruppenkerzen mit dem Pfarrer und den Messdienern in die Kirche ein und setzen sich vorne in die Bänke. Die Gruppenkerzen werden auf den Altar gestellt.

Die Erstkommunionfamilien werden zu Beginn des Gottesdienstes durch einen Vertreter des Pfarrgemeinderates herzlich willkommen geheißen.

Am Ende des Gottesdienstes – zur Danksagung – werden die Kommunionkinder von ihren Katecheten vorgestellt. Dies läuft folgendermaßen ab:

1. L ruft die Katecheten auf – sie kommen nach vorne.
2. Die Katechet/innen rufen ihre Kinder auf – die Kinder stellen sich im Halbkreis um den Altar.
3. Da die Kinder während der Erstkommunionvorbereitung von einem Elternteil bzw. Erwachsenen begleitet werden sollen, wird nun ein Elternteil/Begleiter eingeladen, sich hinter sein Kind zu stellen.
4. Kinder und Katecheten bekommen ein kleines Umhängekreuz überreicht.
5. Die Gemeinde wird eingeladen, für die Kommunionkinder zu beten und eine Gebetspatenschaft zu übernehmen. Sie haben am Ende des Gottesdienstes die Möglichkeit, sich einen Namen eines Kommunionkindes aus einem Korb zu ziehen.
6. Segnung der Kommunionkinder, Eltern und Katecheten.

---

[1]   Leiter oder Leiterin des Weggottesdienstes kann ein Pfarrer, eine hauptberufliche Person oder ein/e ehrenamtliche Katechet/in sein. Auch können die verschiedenen Teile des Gottesdienstes auf mehrere Personen verteilt werden.

1. Liturgiekatechese:

Gott suchen und finden in unserem Alltag

Vorbereitung
- Gruppenkerzen, Streichhölzer
- ein Kreuz, Evangeliar/Lektionar
- Malutensilien: Papier, Stifte, Schere ...
- Farbige Wachsplatten und dickere Stumpenkerzen
- Wollknäuel
- Schnellhefter in Anzahl der Kommunionkinder
- Kopien von: Geschichte „Allein oder gemeinsam", Bild „Jesus und die Kinder", Zeichnung „Ich lebe mit anderen zusammen" (siehe S. 68–71)
- Lieder zur Auswahl:
  Schweige und höre (s. Anhang, S. 157)
  Wir feiern heut ein Fest (in: Troubadour für Gott, Nr. 1047)
  Gottes Liebe ist wie die Sonne (in: Troubadour für Gott, Nr. 5)
  Der Himmel geht über allen auf (in: Troubadour für Gott, Nr. 785)
  Vom Aufgang der Sonne (in: Troubadour für Gott, Nr. 136)

Zu Beginn versammeln sich alle Teilnehmer im Pfarrheim (Kommunionkinder, Geschwister, Eltern, Katecheten, Pfarrer). An die Kommunionkinder werden die Gruppenkerzen, das Kreuz und das Evangeliar/Lektionar verteilt. Danach begrüßt L die TN und lädt sie ein, sich zu sammeln, ruhig zu werden und die Hände zu falten. Die Hände sollten leer sein (keine Mützen oder Taschen sollten in den Händen sein), damit die Kinder nicht abgelenkt werden.

Dann stimmt L das Lied „*Schweige und höre*"an und alle singen mit. Die Prozession setzt sich singend in Bewegung, angeführt vom Kreuzträger und den Kerzen tragenden Kindern sowie dem Evangeliar/Lektionar: Der Weggottesdienst beginnt.

Teil I: Weggottesdienst

Folgende liturgische Elemente werden dabei vertieft: sich sammeln – still werden – schreiten – stehen – das Knie beugen – Gebetshaltung – beten – hören – singen.

66

▶ **Eröffnung – das Kreuzzeichen**

Ist die Prozession in der Kirche angekommen, bleiben alle TN hinten in der Kirche beim Weihwasserbecken stehen.

L leitet zum Kreuzzeichen über: „Gott, unser Vater, wir sind jetzt in der Kirche, wir sind hier bei dir. Du lädst uns immer ein, bei dir zu sein. Du bist immer bei uns, dafür danken wir dir. In deinem Namen beginnen wir nun unsere Kommunionvorbereitung und beten gemeinsam: „Im Namen des Vaters und des Sohnes und des Heiligen Geistes. Amen.“

▶ **Prozession in Stille zum Altar**

Danach gehen alle TN in einer stillen Prozession nach vorne und bleiben vor der ersten Stufe des Altarraums stehen. Die Eltern stellen sich hinter ihre Kinder.

▶ **Vertiefung der Kniebeuge**

L leitet zur Kniebeuge über:

„Herr, wir stehen vor dir; du bist so groß, so unfassbar; durch dich empfangen wir Kraft, Mut, neue Hoffnung; du machst uns stark.“

L lädt die TN ein, zum Kreuz zu schauen und im Angesicht des Kreuzes eine Kniebeuge zu machen:

„Beim Hinknien beten wir: Gott, vor dir bin ich klein.

Beim Aufrichten beten wir: Gott, mit dir bin ich groß.“

Anschließend machen alle TN die Kniebeuge und sprechen das kleine Gebet dazu.

▶ **Gebet**

Wenn alle TN wieder stehen, leitet L das folgende Gebet an. L betet eine Zeile vor, die TN sprechen die jeweilige Zeile nach:

> Guter Gott,
> Du hast uns unser Leben geschenkt.
> Du bist immer für uns da.
> In unserem Herzen spüren wir dich.
> Dafür danken wir dir.
> Bleib auch bei uns,
> wenn es mal dunkel um uns ist
> und wir Angst haben.
> Dir vertrauen wir.
> Amen.

▶ **Verkündigung – das Wort Gottes hören**

L leitet zum Halleluja über: „Bevor wir das Wort Gottes hören, wollen wir Gott mit dem Halleluja begrüßen“ (in der Fastenzeit einen Ruf vor dem Evangelium z. B.: „Lob sei dir,

Herr, König der ewigen Herrlichkeit", Gotteslob Nr. 173,1). L singt einen Hallelujaruf **67**
vor, die TN singen danach gemeinsam.

Danach leitet L zur Lesung über: „Lesung aus dem Buch Exodus" (Ex 3,1–15: Der brennende Dornbusch)

Die Wiederholung des Hallelujarufes schließt die Verkündigung der Lesung ab: „Wort des lebendigen Gottes", alle TN antworten: „Ehre sei dir, o Herr".

▶ **Auszug**

L entlässt die Kinder, die mit den Katecheten, dem Evangeliar und den Kerzen aus der Kirche ausziehen und die gehörte Lesung in ihren Kleingruppen vertiefen.

Nach einer gemeinsamen Verbeugung vor dem Kreuz, verlassen alle TN in Ruhe die Kirche.

Teil II: Katechese in Kleingruppen – Vertiefungsvorschläge

Die im Folgenden aufgeführten Elemente zur Vertiefung des Evangeliums sind einzelne Elemente. Sie bauen nicht aufeinander auf und stellen keinen kompletten Gruppenstunden-Ablauf dar. Vielmehr sind es einzelne Elemente, die eine Vielfalt der Herangehensweisen einer Vertiefung aufzeigen möchten. Jeder Katechet, jede Katechetin hat einen eigenen Zugang zu einem Thema. Um individuellen Neigungen, Stärken und Charismen Raum zu geben, sollen die hier aufgeführten Elemente eine Auswahl der verschiedenen Möglichkeiten bieten.

▶ **Einstieg**

Da die Kommunionkinder das erste Mal zusammen sind, wird gemeinsam eine Gruppenkerze gestaltet: Die Gruppenkerze wird durch ein Symbol (Sonne, Kreuz, Strichmännchen, Herz ...) aus Wachs von den Kindern verziert. Die Gruppenkerze wird angezündet. Bei jedem Treffen zündet ein anderes Kind die Gruppenkerze/Jesuskerze an.

▶ **Vorstellungsrunde „Wollknäuel"**

Die Kommunionkinder und der/die Katechet/in stellen sich einander durch zugeworfenen Wollknäuel vor: Name, Lieblingsessen ...

▶ ***Impulse zum Thema Kreuzzeichen***

L: „Ihr Kommunionkinder seid in der Gemeinde eine wichtige Gruppe, die zu einer Gemeinschaft werden kann. Was können Kennzeichen einer Gruppe sein?" (Beispiele: Sticker, eine Fahne, gemeinsame Regeln, wir sprechen uns mit Namen an.)

„Wenn wir zu einer guten Gemeinschaft werden, ist es wie ein Fest. Dazu passt das Lied *„Wir feiern heut ein Fest"*, die erste und zweite Strophe. Bei „herein, herein" zeigt unser Arm, unsere Hand, dass die anderen willkommen sind.

68 Jesus will die Mitte unserer Gruppe sein, er schenkt uns Gemeinschaft. Das Zeichen dafür ist das Kreuzzeichen: Wir beginnen an der Mitte unserer Stirn und beten: **Im Namen des Vaters**: Hinter unserer Stirn ist unser Gehirn, mit dem wir denken und viel verstehen können; unser Gehirn ist für unser Leben sehr wichtig. Gott will, dass wir ihn verstehen und unser Gehirn für ihn einsetzen.

Unsere Hand zeigt auf den Brustkorb, den Herzbereich, wir beten: **und des Sohnes**: Unser Herz schlägt – wir leben, Tag für Tag, Jahr für Jahr, Sekunde für Sekunde; das Herz ist auch ein wunderschönes Zeichen für die Liebe, für Geborgenheit und Vertrauen. Durch Jesus und die biblischen Geschichten, die uns in der Bibel erhalten sind, wissen wir und dürfen wir immer neu spüren, wie lieb uns Jesus/Gott hat.

Die Hand geht zuerst an die linke, dann an die rechte Schulter und dabei beten wir zu Ende: **und des Heiligen Geistes**. Der Heilige Geist lädt uns Menschen, ob Groß, ob Klein, ob Jung, ob Alt immer wieder ein, den Menschen neben mir – links und rechts – meinen Nächsten, wahrzunehmen, mit ihm in Kontakt zu kommen und so miteinander Gemeinschaft zu erleben. **Amen** heißt: ‚So ist es!', ‚Ja!'

Gott sagt immer zu uns Ja. Aus diesem Grund können wir das Lied singen „*Gottes Liebe ist wie die Sonne.*"

▶ **Geschichte „Allein oder gemeinsam"**
L leitet über: „Als Getaufte haben wir Gemeinschaft mit Gott und miteinander. Das ist nicht selbstverständlich. Dazu hören wir jetzt die Geschichte *Allein oder gemeinsam.*" L liest die Geschichte vor. Danach erhalten TN die Geschichte. Die Geschichte wird vertieft: „Was ist euch in dieser Geschichte aufgefallen?"

Allein oder gemeinsam
Ein Rabbi kommt zu Gott: „Herr, ich möchte die Hölle sehen und auch den Himmel." – „Nimm Elias als Führer", spricht der Schöpfer, „er wird dir beides zeigen."
Der Prophet nimmt den Rabbi bei der Hand. Er führt ihn in einen großen Raum. Ringsum Menschen mit langen Löffeln. In der Mitte, auf einem Feuer kochend, ein Topf mit einem köstlichen Gericht. Alle schöpfen mit ihren langen Löffeln aus dem Topf. Aber die Menschen sehen mager aus, blass, elend. Kein Wunder: Ihre Löffeln sind zu lang. Sie können sie nicht zum Munde führen. Das herrliche Essen ist nicht zu genießen. Die beiden gehen hinaus.
„Welch seltsamer Raum war das?" fragt der Rabbi den Propheten. „Die Hölle", lautet die Antwort.
Sie betreten einen zweiten Raum. Alles ist genau wie im ersten. Ringsum Menschen mit langen Löffeln. In der Mitte, auf einem Feuer kochend, ein Topf mit einem köstlichen Gericht. Alle schöpfen mit ihren langen Löffeln aus dem Topf. Aber – ein Unterschied zu dem ersten Raum: Diese Menschen sehen gesund aus, gut genährt, glücklich.

„Wie kommt das?" – Der Rabbi schaut genau hin. Da sieht er den Grund: Diese Menschen schieben sich die Löffel gegenseitig in den Mund. Sie geben einander zu essen.
Da weiß der Rabbi, wo er ist.

Märchen aus Russland

Abschließend: „Ein Fest, eine Gemeinschaft gelingt, wenn es ein schönes Miteinander gibt und sich alle wohlfühlen. Das bringen wir mit der dritten und vierten Strophe unsres Liedes *„Wir feiern heut ein Fest"* zum Ausdruck."

▶ **Bild „Jesus und die Kinder"**
„Wir sind Kinder Gottes und damit auch Freunde und Freundinnen von Jesus. Dass Jesus uns Menschen und die Kinder besonders lieb hat, das wird auf folgendem Bild deutlich".
L teilt an die TN das Bild *Jesus und die Kinder* (s. S. 70) aus. Die TN malen sich in das Bild dazu – als Zeichen der Nähe zu Jesus.
L: „Wenn wir so nahe bei Jesus sind, dann geht der Himmel auf."
Alle TN singen das Lied *„Der Himmel geht über allen auf"*.

▶ **Zeichnung „Ich lebe mit anderen zusammen"**
L: „Weil wir von Gott und Jesus und unseren Eltern geliebt sind, ist es wichtig, wie wir miteinander umgehen. Um Regeln geht es im Folgenden."
L teilt die Kopie „Ich lebe mit anderen zusammen" (s. S. 71) aus mit dem Arbeitsauftrag:
„Bitte malt mit einfachen Zeichen z. B. Strichmännchen, oder schreibt die Namen von den Menschen in die Kästchen, mit denen ihr z. B. in der Schule, hier in der Kommuniongruppe oder zu Hause zusammen lebt".

▶ **„Vom Aufgang der Sonne bis zu ihrem Niedergang"**
L: „Jeden Tag haben wir liebe Menschen um uns. Das tut uns gut. Dann geht es uns gut. Dann geht die Sonne in unserem Herzen auf."
Das Lied *„Vom Aufgang der Sonne bis zu ihrem Niedergang"* wird mit folgenden Körperbewegungen gesungen:

Startposition: Wir stehen

Vom Aufgang der Sonne	*Wir beugen uns mit ausgebreiteten Armen nach links unten, dann richten wir uns auf und führen die Arme bis über unseren Kopf,*
bis zu ihrem Niedergang	*wir führen die geöffneten Arme nach rechts unten,*
sei gelobet der Name des Herrn,	*wir erheben die Arme über unserem Kopf,*
sei gelobet der Name des Herrn.	*wir drehen uns langsam einmal um uns selbst.*

70   **Bild „Jesus und die Kinder"**

Illustration: Petra Lefin, aus: Brandt/Nommensen, Kinderkirche © Don Bosco Medien GmbH, München

Zeichnung „Ich lebe mit anderen zusammen" 71

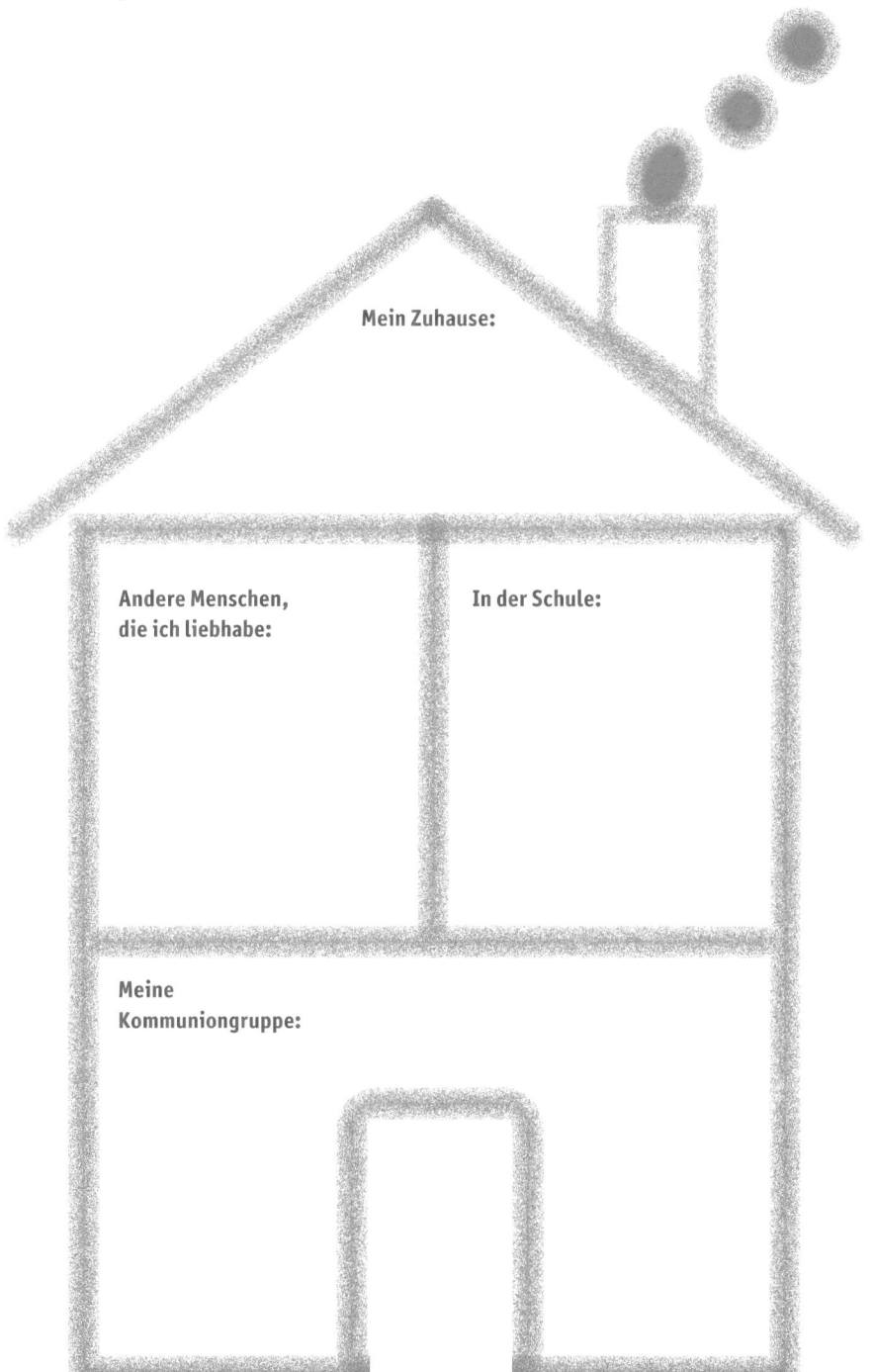

Mein Zuhause:

Andere Menschen,
die ich liebhabe:

In der Schule:

Meine
Kommuniongruppe:

Illustration: ReclameBüro München, aus: Einfach Erstkommunion feiern © Don Bosco Medien GmbH, München

72

Teil III: Liturgische Feier

Die liturgischen Elemente „sich sammeln – still werden – beten – bitten" werden im Tun vertieft.

▶ Beginn
Prozession in die Kirche. Alle versammeln sich um den Altar. Die Eltern stehen hinter ihren Kindern.

▶ Stille
L: „Aus dem Alten Testament hörten wir die Geschichte vom brennenden Dornbusch. Jahwe ruft Mose zu, er soll näher zu ihm kommen. So wie Mose gerufen wird, so ruft Jesus auch uns. Werden wir einen Moment lang still und hören wir in unser Herz hinein, was Jesus uns jetzt sagen möchte."
Es folgt eine kurze Stille.

▶ Bitten
Alle TN werden eingeladen, das folgende Gebet Vers für Vers nachzusprechen:

> Jesus,
> du und wir
> sind mit Gott verbunden.
> Du bist immer für uns da.
> Dafür danken wir dir.
> Deine Liebe zu uns
> ist unendlich groß.
> Wir bitten dich:
> Schenke uns deine Nähe,
> lass uns immer bei dir bleiben,
> Denn du schenkst uns
> Freude und Frieden
> in unser Herz.
> Amen.

▶ Vaterunser
L leitet zum Vaterunser über: „Herr, Jesus Christus, wir stehen vor dir mit unseren Bitten, Fragen und Anliegen. Voll Vertrauen dürfen wir nun bitten ..."
Gemeinsam beten nun alle TN das Vaterunser.

▶ **Segen**   73

Die TN werden mit einem frei formulierten Segen entlassen.

▶ **Abschlusslied**

„Der Himmel geht über allen auf"

Die TN verbeugen sich vor dem Kreuz und verlassen die Kirche in Ruhe.

Anmerkung:

Gleich bei diesem ersten Treffen wird deutlich, wie groß der Spagat ist zwischen Kindern, die aus einem religiösen Elternhaus kommen und auch religiöse Begleitung erfahren, und denen, die diesen Kurs „abhaken". Sowohl ehrenamtliche Katecheten wie auch Hauptberufliche stehen in der Spannung, zwischen diesen Extremen zu vermitteln und hilfreiche Brücken zu bauen. Von den Katecheten und Katechetinnen ist viel Geduld gefragt, denn Kinder haben ein hohes Mitteilungsbedürfnis, erzählen gern. Die Kunst besteht darin, die Mitte des Themas nicht aus den Augen zu verlieren.

2. Liturgiekatechese:
Bitten (Mk 10,46–52)

Vorbereitung
- Gruppenkerzen, Streichhölzer, ein Kreuz, Evangeliar
- wenn vorhanden: Bilderbuch Bartimäus oder eine Kinderbibel, in der dieses Evangelium abgedruckt und abgebildet ist
- evtl. Kopien einer Szene aus „Jesus und Bartimäus"
- Malutensilien: Papier, Stifte, Schere …
- evtl. Material zum Basteln von Gebetswürfeln aus festem Papier und passenden Gebeten
- Weihrauchkörner und Kohlen
- Lieder zur Auswahl:
  In deinen Augen (s. Anhang, S. 156)
  Kindermutmachlied
  Das wünsch ich sehr
  Unser Beten steige auf zu dir (nach Psalm 141)

Zu Beginn versammeln sich alle Teilnehmer im Pfarrheim (Kommunionkinder, Geschwister, Eltern, Katecheten, Pfarrer). An die Kommunionkinder werden die Gruppenkerzen, das Kreuz und das Evangeliar verteilt. Die Kerzen werden entzündet. Danach begrüßt L die TN und lädt sie ein, sich zu sammeln, ruhig zu werden und die Hände zu falten. Dann stimmt L das Lied „*In deinen Augen*" an und alle singen mit. Die Prozession setzt sich singend in Bewegung, angeführt vom Kreuzträger. Der Weggottesdienst beginnt.

Teil I: Weggottesdienst

Folgende liturgische Elemente werden dabei vertieft: sich sammeln – still werden – schreiten – stehen – das Knie beugen – Gebetshaltung – beten – hören – singen.

▶ Eröffnung – das Kreuzzeichen
Ist die Prozession in der Kirche angekommen, bleiben alle TN hinten in der Kirche am Weihwasserbecken stehen. L leitet zum Kreuzzeichen über: „Durch die Taufe gehören wir zu dir – du bist unser Vater, wir sind deine Kinder; daran wollen wir uns erinnern mit einem besonderen Zeichen, dem Kreuzzeichen."

L lädt die Teilnehmer ein, sich mit dem Kreuzzeichen, dem Zeichen unseres Glaubens, **75** zu bezeichnen und dabei zu sprechen: „Im Namen des Vaters und des Sohnes und des Heiligen Geistes. Amen.“

▶ **Prozession in Stille zum Altar**
Alle TN gehen in einer Prozession in Stille nach vorne und bleiben vor der ersten Stufe des Altarraums stehen. Die Eltern stellen sich hinter ihre Kinder.

▶ **Vertiefung der Kniebeuge**
(siehe Liturgiekatechese 1, S. 65)

▶ **Gebet**
Wenn alle TN wieder stehen, leitet L das folgende Gebet an. L betet eine Zeile vor, die TN sprechen die jeweilige Zeile nach:

> Lasset uns beten:
> Barmherziger Gott, in deinen Augen sind wir einmalig,
> deine Hände tragen uns,
> in deinen Armen spüren wir deine liebende Nähe,
> bei dir finden wir Ruhe und Kraft,
> deine Worte schenken uns neues Leben.
> Dafür danken wir dir. Amen.

▶ **Verkündigung – das Wort Gottes hören**
L leitet zum Halleluja über: „Bevor wir das Wort Gottes hören, wollen wir Gott mit dem Halleluja begrüßen“ (in der Fastenzeit einen Ruf vor dem Evangelium z. B.: „Lob sei dir, Herr, König der ...“, Gotteslob Nr. 173,1). L singt einen Hallelujaruf vor, die TN singen danach gemeinsam.
Danach leitet L zum Evangelium über: „Aus dem Evangelium nach Markus. Wir antworten darauf: + Ehre + sei dir + o Herr. – Während wir antworten, zeichnen wir mit unserem Daumen nacheinander je ein kleines Kreuz auf unsere Stirn, unseren Mund und unser Herz.“
L macht beim Sprechen die Gesten vor und erklärt dabei: „Dies tun wir, damit wir Gottes Wort verstehen lernen (Stirn), davon erzählen, es weitersagen (Mund), es in unserem Herzen bewahren und danach leben (Herz).“
Nachdem sich alle bekreuzigt haben, verkündet L das Evangelium (Mk 10,46–52: Die Heilung des Bartimäus).
Die Wiederholung des Hallelujarufes bzw. des Rufes vor dem Evangelium schließt die Verkündigung des Evangeliums ab.

▶ **Auszug**

L entlässt die Kinder, die mit den Katecheten, dem Evangeliar und den Kerzen aus der Kirche ausziehen und das gehörte Evangelium in ihren Kleingruppen vertiefen.

Nach einer gemeinsamen Verbeugung vor dem Kreuz, verlassen alle TN in Ruhe die Kirche.

Teil II: Katechese in Kleingruppen – Vertiefungsvorschläge

▶ **Bibelteilen ganz „einfach"**

Der Katechet/die Katechetin liest den Schrifttext Mk 10,46–52 (Die Heilung eines Blinden bei Jericho) vor; die Kinder hören zu. Der Text wird ein zweites Mal vorgelesen. Dabei sollen die Kinder darauf achten, welches Wort oder welcher Satz sie besonders anspricht. In der darauf folgenden Stillzeit schreibt jeder „sein" Wort, „seinen" Satz auf einen vorher ausgeteilten Papierstreifen. Danach folgt der Austausch in der Gruppe: „Warum hat mich dieses Wort/dieser Satz angesprochen?"

▶ **Pantomimenspiel**

Nachspielen der Bibelgeschichte von Bartimäus in einem Rollenspiel oder pantomimisch – ohne Worte

▶ **Kreativarbeit**

Betrachten und Nacherzählen der Geschichte in einem Bibelbilderbuch – anschließend können die Kinder die Szene malen, die ihnen besonders wichtig ist.

▶ **Vertrauensspiele**

L vertieft die Bartimäus-Geschichte: „Wir brauchen Vertrauen und vor allem Mut beim Bitten. Wir brauchen Vertrauen auf Gottes Antwort. Wir dürfen Gott nicht vorschreiben, wie er handeln soll."

Das Thema „Vertrauen beim Beten" wird durch verschiedene Vertrauensspiele vertieft: Blinde Kuh, „Fallen lassen" im Kreis, Blind Anziehen, Gelderkennungsautomat (Die Kinder erraten durch Tasten und Fühlen mit verbunden Augen, um welches Geldstück es sich handelt). Anschließende Austauschrunde: „Wie fühle ich mich, wenn ich nichts sehe? Wie geht es mir, wenn ich auf andere angewiesen bin? Wie gehe ich mit meiner Hilflosigkeit um?"

▶ **Krankheit zur Zeit Jesu**

Das Thema Krankheit zur Zeit Jesu wird beleuchtet und erklärt: Kranke/Aussätzige waren von der Gesellschaft ausgestoßen. Krankheit war eine „Strafe Gottes".

▶ **Bildbetrachtung**

Bildliche Darstellung nach Wahl von der Szene, in der Bartimäus Jesus ruft und die umstehenden Menschen ihn zurückhalten. Das Bild ist abgedeckt.

L deckt Teile des Bildes – ähnlich einem Puzzle – nach und nach auf (z. B. Kopf des Bartimäus, Gestalt von Jesus, Menschen, die den Blinden zurückhalten). Anmerkungen wie: „Achtet auf die Mimik und Gestik der Personen" fördern das Einfühlungsvermögen der Kinder in die handelnden Personen.

In einem weiteren Schritt kann das Bild in Schwarz-Weiß-Kopie angemalt werden. Dabei sollte auf die Farbwahl geachtet werden, die Bedeutung der Farbe überlegt und berücksichtigt werden. Wenn die Gruppe es möchte, können die Bilder auf einen Tonkarton unter der Überschrift „Vom Vertrauen beim Bitten" geklebt werden.

▶ **Stilleübung „Was willst du, was soll ich dir tun?"**

Die Kinder werden angeleitet ruhig zu werden, sich in eine bequeme Sitzposition zu bringen und die Augen zu schließen. Zu leiser Musik oder in völliger Stille spricht L: „Welchen Wunsch habe ich, wenn Gott *mich* fragt: ‚Was willst du, was soll ich dir tun?'" (statt – „du" können auch die Namen der Kinder eingefügt werden. Die Frage sollte dann so oft wiederholt werden, wie es Kinder in der Gruppe gibt!)

L spricht weiter: „Was wünsche ich mir in Bezug auf meine Eltern? – Was wünsche ich mir in Bezug auf meine Geschwister? – Was wünsche ich mir in Bezug auf …?" Die Liste kann beliebig ergänzt werden!

Bei dieser Übung sollen die Kinder lernen, auf die „innere" Stimme zu hören.

▶ **Einen Gebetswürfel gestalten**

Gestaltung eines Gebetswürfels mit Bitt- und Dankgebeten. Dieser Würfel kann mit nach Hause genommen werden. Beispiele für zwei Gebete:

> ***Guter Gott**, du hast mir Mama und Papa geschenkt. Sie sorgen für mich. Du hast mir auch Freunde geschenkt. Mit ihnen kann ich spielen. Ich bitte dich für meine Eltern und meine Freunde: Halte sie gesund. Schenke ihnen täglich neue Freude und neue Kraft. Stehe ihnen zur Seite wenn sie Sorgen haben. Halte deine schützende Hand über uns und lass uns bei dir geborgen sein. Amen.*

> ***Herr**, ich danke dir für alles, was du mir geschenkt hast. Ich habe Menschen, die mich Lieb haben und die für mich Sorgen. Ich habe zu essen Und zu trinken. Ich kann singen und spielen. Ich kann laufen und springen. Ich kann sehen und hören. Ich bin fröhlich. Danke. Amen.*

78 Teil III: Liturgische Feier

Folgende liturgische Elemente „sich sammeln – still werden – beten – bitten" werden im Tun vertieft.

▶ Beginn

Prozession in die Kirche; dazu wird das Lied „*Das wünsch ich sehr*" gesungen. Alle versammeln sich um den Altar. Die Eltern stehen hinter ihren Kindern.

▶ Stille

L lädt alle TN ein, selber zu überlegen, welche Bitte sie/er an Jesus hat: „Jesus hat Bartimäus gefragt: Was soll ich dir tun? Er fragt auch dich und mich: Was soll ich dir tun? Was würden wir antworten?" Es folgt eine Stillezeit, in der die TN in sich gehen können, um eine Antwort auf Jesu Frage zu finden.

▶ Bitten

Alle TN werden nun eingeladen, eine frei formulierte Bitte auszusprechen oder sie ohne Worte, in Stille vor Gott zu bringen. Während sie dies tun, legen sie ein Weihrauchkorn auf die vorbereitete glühende Kohle im Weihrauchfässchen, das auf dem Altar steht.
Zwischen den einzelnen Bitten (je nach Anzahl der Teilnehmer auch nach jeder 3. oder 5. Bitte möglich) singen die Teilnehmer folgenden Bittruf, zu dem L nun überleitet:
„Im Psalm 141 heißt es: Wie Weihrauch steige mein Gebet vor dir auf. So steige auch unser Gebet zu dir empor."
L singt den folgenden Liedruf einmal vor und danach singen ihn alle: „*Unser Beten steige auf zu dir, wie Weihrauch, Gott, vor deinem Angesicht.*" (nach Psalm 141)
Um ein Durcheinander zu vermeiden, geht immer nur einer, um seine Bitte vor Gott zu bringen. Alle anderen stehen im Kreis.

▶ Vaterunser

L leitet zum Vaterunser über: „Herr Jesus Christus, wir stehen vor dir mit unseren Bitten, Fragen und Anliegen. Voll Vertrauen dürfen wir nun beten ..."
Gemeinsam beten nun alle TN das Vaterunser.

▶ Segen

Die TN werden mit einem frei formulierten Segen entlassen.

▶ Abschlusslied

„*Kindermutmachlied*"
Alle TN verneigen sich vor dem Kreuz und verlassen in Ruhe die Kirche.

3. Liturgiekatechese:

Teilen (Lk 19,1–10)

Vorbereitung

In Vorbereitung auf das Thema „Teilen" werden die Familien einige Tage vorher informiert, dass sie Lebensmittel für ein soziales Projekt in der Stadt/der Gemeinde mitbringen sollen.

- Gruppenkerzen, Streichhölzer, Evangeliar, Kreuz
- Bildmaterial und Reiskörner für die Collage „Meine Speisekarte"
- Kett-Legematerial (grüne und rote Tücher)
- Brot
- Heiligengeschichte vom Rosenwunder der Elisabeth von Thüringen
- aufgemaltes Herz und Herzen zum Verteilen
- Korb für Lebensmittel
- Lieder zur Auswahl:
  In deinen Augen (s. Anhang, S. 156)
  Wenn das Brot, das wir teilen (in: Troubadour für Gott, Nr. 193)
  Gib von deinem Leben ab
  Wenn wir das Leben teilen wie das täglich Brot
  Herr, wir bringen in Brot und Wein (in: Troubadour für Gott, Nr. 213)

Wie in Liturgiekatechese 1 und 2 beschrieben, versammeln sich die Kommunionkinder, Eltern, Katecheten u. a. im Gemeindehaus. Die Prozession setzt sich in Bewegung und der Weggottesdienst beginnt.

Teil I: Weggottesdienst

Folgende liturgische Elemente werden dabei vertieft: sich sammeln – still werden – schreiten – stehen – das Knie beugen – Gebetshaltung – beten – hören – singen – teilen. Der Ablauf des Weggottesdienstes wiederholt sich in großen Teilen bei jeder Liturgiekatechese. Daher ist der Ablauf im Folgenden nur stichpunktartig beschrieben. An dieser Stelle wird auf die 2. Liturgiekatechese (siehe S. 74) verwiesen.

80 ▶ **Eröffnung – das Kreuzzeichen**

L: „Durch die Taufe gehören wir zu dir – du bist unser Vater, wir sind deine Kinder. Daran wollen wir uns erinnern mit dem besonderen Zeichen; dem Kreuzzeichen; wir tun und sprechen es gemeinsam: + Im Namen des Vaters + und des Sohnes + und des Heiligen Geistes. Amen."

▶ **Prozession in Stille zum Altar**

▶ **Vertiefung der Kniebeuge**

L: „Herr, wir stehen vor dir; du bist so groß, unfassbar; durch dich empfangen wir Kraft, Mut, neue Hoffnung; du machst uns stark. Wir schauen zum Kreuz, machen die Kniebeuge und sprechen dabei: Gott, vor dir bin ich klein (*beim Hinknien*). – Gott, mit dir bin ich groß! (*beim Aufrichten*)."

▶ **Gebet**

L spricht vor, die TN sprechen Zeile für Zeile nach:

> „Lasset uns beten.
> *(Kreuz auf die Stirn)*
> Barmherziger Gott, in unserem Kopf sind viele Gedanken.
> Alles, was wir in unserem Leben gehört und gesehen haben, ist darin gespeichert. Auch das Wort Gottes wollen wir hören und verstehen.
>
> *(Kreuz auf den Mund)*
> Mit unserem Mund können wir sprechen und singen. Wir können schweigen.
> Wir wollen den Mund schließen, damit wir Gottes Wort hören können.
> Zu Hause, in der Schule oder bei der Arbeit öffnen wir unseren Mund,
> um Gottes Frohe Botschaft weiterzusagen.
>
> *(Kreuz auf das Herz)*
> In unserem Herzen bewahren wir alle wichtigen Dinge. Wir wollen auch
> Gottes Wort darin bewahren, damit wir danach leben können."

▶ **Verkündigung – das Wort Gottes hören**

Vor dem Evangelium wird ein Hallelujaruf gesungen (in der Fastenzeit ein Ruf vor dem Evangelium z. B.: „Lob sei dir, Herr, König der ...", Gotteslob Nr. 173,1).
Das Evangelium (Lk 19,1–10: Jesus im Haus des Zöllners Zachäus) wird eingeleitet: „Aus dem Evangelium nach Lukas. Wir antworten darauf: + Ehre + sei dir + o Herr." Es folgt die Verkündigung des Evangeliums.
Die Wiederholung des Hallelujarufes bzw. des Rufes vor dem Evangelium schließt die Verkündigung des Evangeliums ab.

▶ **Lied**
„Wenn das Brot, das wir teilen"

▶ **Auszug**
L entlässt die Kinder, die mit den Katecheten, dem Evangeliar und den Kerzen aus der Kirche ausziehen und das gehörte Evangelium in ihren Kleingruppen vertiefen.
Nach einer gemeinsamen Verbeugung vor dem Kreuz, verlassen alle TN in Ruhe die Kirche.

Teil II: Katechese in Kleingruppen – Vertiefungsvorschläge

▶ **Vertiefung des Evangeliums**
Der Katechet/die Katechetin greift die Geschichte von Zachäus aus dem Evangelium auf: Zachäus kehrt um, weil er die Liebe Jesu zu spüren bekommt. Die Folge ist: Er ist fähig zu teilen und will seine Fehler wieder gutmachen. So, wie Zachäus am Ende sein Geld geteilt hat, können wir auch unser Leben teilen: für den anderen da sein, aufmerksam sein für andere. Die Jesus-Begegnung verändert!
Eventuell folgt Bibelteilen zum Schrifttext.

▶ **Brainstorming: Was kann ich alles teilen?**
In einem Brainstorming sollen die Kinder gemeinsam überlegen, was sie alles teilen können. Der Focus sollte dabei besonders auf den immateriellen Dingen liegen.
Die Kinder könnten Begriffe nennen wie z. B. Zimmer, Haus, Eltern, Glück, Freude, Trauer, Süßigkeiten, Bibel teilen ...
Die Begriffe können auch auf Kärtchen geschrieben werden und dann zur Gruppenkerze gelegt werden.

▶ **Spiel: Gib doch ab**
Die Gruppenkinder teilen sich in zwei Mannschaften ein und spielen ein Fußballspiel mit besonderen Regeln. Ein Team spielt nach den bekannten Regeln, das andere Team bekommt eine Sonderregel: Im Spiel darf der Ball nicht mehr an Spieler des eigenen Teams abgegeben werden; wenn das eigene Team in Ballbesitz ist, sind also nur noch Alleingänge erlaubt.
Nach einigen Minuten unterbricht L das Spiel und eine Reflexion des Spiels beginnt.
Das Gespräch kann durch folgende Fragen ergänzt werden:
- Ich gebe beim Fußballspielen ab, weil ...
- Ich gebe in der Schule anderen Kindern ab, weil ...
- Ich gebe von meinen Sachen ab, wenn ...
- Ich gebe in der Familie ab, wenn ...
- Ich bin fair, wenn ...

- Ich denke nicht nur an mich, wenn …
- In der Kommuniongruppe sind wir ein Team, wenn …
- …

Nach dem Gespräch kann das Fußballspiel wiederholt werden – mit fairem Verhalten.

▶ Collage „Meine Speisekarte"

Jedes Kind bekommt einen Pappteller und klebt auf die eine Hälfte des Tellers in Art einer Collage die Dinge, die es in der vergangenen Woche gegessen hat, die also auf seiner Speisekarte standen. Die andere Hälfte des Tellers bekleben sie ausschließlich mit Reiskörnern.

Es sind zwei Speisekarten entstanden. Die Gegenüberstellung zeigt den Kontrast von Überfülle und Not, von Reichtum und Armut in der Welt. Es zeigt auch die ungleiche Verteilung der Güter. Wir müssen teilen lernen, das macht diese Art der Auseinandersetzung mit dem Thema den Kindern ohne viele Worte deutlich.

▶ Die Geschichte der „Hl. Elisabeth von Thüringen"

L liest oder erzählt die Geschichte nach (z. B. aus: Schauber/Schindler, Mein großes Buch der Heiligen und Namenspatrone, Elisabeth, Bernward bei Don Bosco).

In der gestalteten Mitte hat L vorher mit Tüchern eine geschlossene Rose gelegt, in deren Mitte sich - für die Kinder unsichtbar - ein Brot befindet (unten liegt ein grünes Tuch darüber 4 rote Tücher diagonal übereinander). Während die Geschichte erzählt wird, entfaltet sich die Rose nach und nach. (Die Tücher werden aufgedeckt.) Die Rose erblüht zum Leben. Am Ende der Geschichte ist die Rose vollends erblüht und das Brot, das den Menschen Nahrung gibt ist sichtbar.

Teil III: Liturgische Feier

Folgende liturgische Elemente „sich sammeln – still werden – beten – teilen" werden im Tun vertieft.

▶ Beginn

Prozession in die Kirche; dazu wird das Lied *„Herr, wir bringen in Brot und Wein"* gesungen. Am hinteren Ende der Kirche bleiben alle stehen und versammeln sich um einen Tisch mit Körben, die für die Sonntagskollekte vorgesehen sind.

▶ Darbringen der Gaben

L gibt Informationen über Sozialprojekte in der Stadt. Kinder und Erwachsene legen ihre mitgebrachten Gaben/Lebensmittel nacheinander in einen bereitgestellten Korb; anschließend tragen mehrere Kinder den Korb vor den Altar.

Die Kinder versammeln sich in einem großen Kreis um den Altar. Die Eltern/Erwachse-
nen stehen hinter den Kindern.

▶ **Thema Teilen**
Die Kinder werden eingeladen, über die Katechese zum Thema „Teilen" zu erzählen:
„Was können wir alles teilen?"
L gibt weitere Gedanken zum „Teilen":
Es gibt sichtbare Dinge, die wir teilen können. Aber auch unsichtbare Dinge können
geteilt werden. Was?
Zu Hause teilen wir unser Leben – Kinder und Eltern
In der Schule teilt ihr euer Leben – Lehrer und Schüler
Bei der Arbeit teilt ihr euer Leben – Kollegen und Chef …

L zeigt ein Herz mit der Aufschrift (Vorschläge, auch mehrere möglich):
- „Gott schenkt uns seine Liebe und begleitet mich mit seinem Segen."
- Gott sagt: Du bist wertvoll für mich und ich habe dich lieb. (Jesaja 43,4)
- Ich hab dich lieb!

84
- „Gib von deinem Leben ab,
  davon wirst du nicht ärmer,
  gib von deinem Leben ab!
  Gib von deiner Liebe ab,
  sie macht die Erde wärmer,
  gib von deiner Liebe ab."
- Komm in meine Arme!
- ☺
- „Mein Kind, du bist immer bei mir, und alles, was mein ist, ist auch dein."
  (Lukasevangelium 15,31)
- „Das Glück ist das einzige, das sich verdoppelt, wenn man es teilt."
  (Albert Schweitzer)

L: „Das Leben, das ihr zu Hause mit euren Eltern lebt, hat einen bestimmten Code – den können Außenstehende nicht erkennen. Aber es macht euer Leben so, wie es ist. Jeder von euch teilt mit einem oder zwei Erwachsenen zu Hause sein Leben. Dieses Herz soll ein Zeichen für das gemeinsame „Leben-Teilen" sein."

Jede Familie bekommt ein Herz und eine Schere, um gemeinsam das Herz zu teilen. Es entstehen 2 Hälften – und nur diese Hälften passen und gehören zusammen. L fasst zusammen: „Das Herz soll uns daran erinnern, dass wir immer wieder neu anfangen dürfen zu teilen – meine Hälfte und deine Hälfte. Ihr dürft jetzt mit dem, der hinter euch steht, euer Herz teilen."

▶ **Vaterunser**

L leitet zum Vaterunser über: „Wir haben gesungen, dass wir unsere Welt zu dir bringen. Wir dürfen auch uns zu dir bringen und alles, was zu unserer Welt gehört: unsere Sorgen und Ängste, unsere Freude und unseren Dank, unsere Bitten und alles, was uns wichtig oder unwichtig erscheint."

Gemeinsam beten anschließend alle TN gemeinsam das Vaterunser.

▶ **Segen**

▶ **Lied**
„Wenn das Brot, das wir teilen"

▶ **Abschluss**
Alle TN verneigen sich vor dem Kreuz und verlassen in Ruhe die Kirche.

4. Liturgiekatechese:
Empfangen – sich öffnen (Lk 1,26–38)

Vorbereitung
- Gruppenkerzen, Streichhölzer, ein Kreuz, Evangeliar
- Schalen
- Bild „Der Engel Gabriel bei Maria"
- Geschichte „Jeder ist eine Blüte" (s. S. 88)
- buntes Papier zur Gestaltung der Blüten
- Modelliermasse (tonähnlich, lufthärtend)
- Vaterunser-Leporello
  (Hinweise zu den Materialien siehe auch im Anhang)
- Lieder zur Auswahl:
  In deinen Augen (s. Anhang, S. 156)
  Effata, öffne dich
  Herr, füll mich neu (s. Anhang, S. 155)
  Groß sein lässt meine Seele den Herrn (s. Anhang, S. 153)
  Ich steh vor dir mit leeren Händen, Herr (in: Gotteslob, Nr. 621)
  Schweige und höre (s. Anhang, S. 157)

Wie in Liturgiekatechese 2 beschrieben, versammeln sich die Kinder, Eltern, Katecheten u. a. im Gemeindehaus. Die Prozession setzt sich in Bewegung und der Weggottesdienst beginnt.

Teil I: Weggottesdienst

Folgende liturgische Elemente werden dabei vertieft: sich sammeln – still werden – schreiten – stehen – das Knie beugen – Gebetshaltung – beten – hören – singen – sich öffnen.

▶ **Eröffnung – das Kreuzzeichen**
L: „Durch die Taufe gehören wir zu dir – du bist unser Vater, wir sind deine Kinder. Daran wollen wir uns erinnern mit dem besonderen Zeichen, dem Kreuzzeichen; wir tun und sprechen es gemeinsam: + Im Namen des Vaters + und des Sohnes + und des Heiligen Geistes. Amen."

86

▶   **Prozession in Stille zum Altar**

▶   **Vertiefung der Kniebeuge**

L: „Herr, wir stehen vor dir; du bist so groß, unfassbar; durch dich empfangen wir Kraft, Mut, neue Hoffnung; du machst uns stark. Wir schauen zum Kreuz, machen die Kniebeuge und sprechen dabei: Gott, vor dir bin ich klein (*beim Hinknien*). – Gott, mit dir bin ich groß! (*beim Aufrichten*).“

▶   **Gebet**

Wenn alle TN wieder stehen, leitet L das folgende Gebet an. L betet eine Zeile vor, die TN sprechen die jeweilige Zeile nach:

> Lasset uns beten:
> Barmherziger Gott, in deinen Augen sind wir einmalig,
> deine Hände tragen uns,
> in deinen Armen spüren wir deine liebende Nähe,
> bei dir finden wir Ruhe und Kraft,
> deine Worte schenken uns neues Leben.
> Dafür danken wir dir.
> Amen.

▶   **Verkündigung – das Wort Gottes hören**

Vor dem Evangelium wird ein Hallelujaruf gesungen (in der Fastenzeit ein Ruf vor dem Evamgelium z. B.: „Lob sei dir, Herr, König der ...“, Gotteslob Nr. 173,1).

Das Evangelium (Lk 1,26–38: Verheißung der Geburt Jesu) wird eingeleitet: „Aus dem Evangelium nach Lukas. Wir antworten darauf: + Ehre + sei dir + o Herr.“ Es folgt die Verkündigung des Evangeliums.

Die Wiederholung des Hallelujarufes bzw. des Rufes vor dem Evangelium schließt die Verkündigung des Evangeliums ab.

▶   **Lied**

„Herr, füll mich neu“

▶   **Auszug**

L entlässt die Kinder, die mit den Katecheten, dem Evangeliar und den Kerzen aus der Kirche ausziehen und das gehörte Evangelium in ihren Kleingruppen vertiefen. Nach einer gemeinsamen Verbeugung vor dem Kreuz, verlassen alle TN in Ruhe die Kirche.

Teil II: Katechese in Kleingruppen - Vertiefungsvorschläge 87

Wie in den vorhergehenden Liturgiekatechesen handelt es sich hier um Vorschläge und einzelne Elemente, wie der Bibeltext Lk 1,26–38 in den Kleingruppen vertieft werden könnte.

▶ **Vertiefung des Evangeliums**

Der Katechet/die Katechetin greift die Verkündigungserzählung aus dem Evangelium auf: „Gott schenkt jedem von uns sein Ja. Er möchte, dass wir auch zu ihm Ja sagen – jeden Tag neu." Einige von den o. g. Liedern werden gesungen.

▶ **Sinnesspiel**

Beim Sinnesspiel geht es um das sich Öffnen – das genaue Hören und Wahrnehmen. Die Kinder schließen ihre Augen. L macht verschiedene Geräusche. Die Kinder sollen erkennen, was es für Geräusche sind. Nach einigen Runden macht L kein Geräusch, sondern ein trauriges Gesicht und fragt die Kinder „Was habt ihr gehört?". Sie hören nichts. Sie öffnen ihre Augen und sehen ein trauriges Gesicht.

▶ **Meditation: Die leere Schale**

Katechet/in: „Maria ist offen für Gott, bereit zu empfangen wie eine leere Schale."
Jedes Kind nimmt eine leere Schale in seine Hand und betrachtet sie in Stille. Nach einer kurzen Zeit stellen die Kinder ihre Schale vor sich auf den Boden. Dann formen sie die Hände zur Schale und wünschen sich etwas hinein. Sie werden aufgefordert, still und leise zu werden und auf leise Geräusche zu horchen. Gott kann man in der Stille begegnen.
L: „Maria ist erstaunt, verwundert, sie erschrickt; Maria sagt: Ja, es soll geschehen, wie Gott es will. – Auch im Gebet Vaterunser kommt dieser Satz vor: ... dein Wille geschehe."
Anschließend kann die Meditation mit dem folgenden Gebet vertieft werden.

▶ **Gebet: Die geöffnete Hand**

Der Katechet/die Katechetin fordert die Kinder auf, ihre beiden Hände geöffnet wie eine Schale vor dem Körper zu halten. Dazu wird das Gebet gesprochen:

> Meine Hände sind offen. Offen wie eine Schale.
> Jetzt kann ich etwas aufnehmen. Ich kann etwas empfangen.
> Nur wenn meine Hände offen sind, können sie empfangen,
> kann ein anderer etwas hineinlegen.
> In meine Hände kann Brot hineingelegt werden.

88
Es können aber auch gute Worte, eine Umarmung
oder ein Trost hineingelegt werden.
Lass mich offen sein wie eine Schale.

▶ **Bildbetrachtung: Der Engel Gabriel bei Maria**
Eine Kopie des Bildes wird an die Kinder verteilt.
„Wir schauen uns das Bild gemeinsam an.
Was seht ihr?
Wie ist die Körperhaltung von Maria?
Wie ist die Körperhaltung des Engels?"
Die Kinder können in ihren Farben das Bild gestalten.

▶ **Fantasiereise zur Geschichte „Jeder ist eine Blüte"**
Nach der Einleitung in die Fantasiereise beginnt der Katechet/die Katechetin:
„Maria ist offen für Gott, bereit zu empfangen wie eine leere Schale. Eine leere Schale
steht vor uns. Damit wir etwas empfangen können, müssen wir uns öffnen – wie eine
Schale, wie eine Blüte.

Wir werden ganz still und schließen die Augen. Stellt euch vor, ihr steht in einem
Garten – es gibt dort viele verschiedene Blumen: rote, gelbe, blaue, violette ... und
noch viel mehr – doch eine Blume ist anders als die vielen anderen." –

Auf der Grundlage der Geschichte „Jeder ist eine Blüte" von Kristiane Allert-Wybranietz
(siehe Hinweis im Anhang S. 163) machen die Kinder nun eine Fantasiereise.
Eine Blume, die meint, eine besondere Blume zu sein, wagt es aus Angst nicht, zu früh
ihren Knospenmantel zu verlassen. Auch fürchtet sie, mit der Blütenpracht der anderen
nicht mithalten zu können. Auf der einen Seite will sie Sicherheit, auf der anderen Seite
will sie auch gerne blühen. So vergeht der Sommer. Immer schwerer wird ihr die Entscheidung. Angst und Neugier, Sicherheit und Lebenslust kämpfen in ihrer Blumensee-
le. Im September schließlich weiß sie, dass sie sich jetzt entscheiden muss. An einem
besonders schönen Morgen arbeitet sie sich aus ihrer inzwischen harten Schale hervor.
Sie wird eine fantastische Blüte und lässt ihre Farben leuchten. Sie weiß jetzt, dass
Blühen nichts mit Können zu tun hat, sondern mit Sein.

Die Kinder werden wieder in die Gegenwart der Gruppe gerufen. Der Katechet/die Katechetin deutet die Geschichte: „Wie die Blüte sollen auch wir uns öffnen. Jesus möchte
zu uns kommen – zu jeder und jedem von uns; er möchte sich in unsere Hand legen – *er*,
in der Gestalt von Brot, der Hostie."

▶ **Blüten aus Papier gestalten**

Passend zur Fantasiereise „Jeder ist eine Blüte" werden Blüten aus normalem bunten Papier gestaltet. Die Blüte wird aufgemalt, angemalt und ausgeschnitten. Anschließend werden die Blütenblätter nach innen geknickt, so dass eine geschlossene Knospe entsteht. Wird diese Knospe auf Wasser gelegt (z. B. in einer kleinen Schale), entfaltet sich die Knospe langsam zu voller Blüte.

▶ **Modellieren**

Die Kinder gestalten und formen aus einer Modelliermasse eine Schale in Form ihrer Hand. Deutung: Meine Hand – eine Schale –, in diese Hand kann ich meine Schätze legen.

▶ **Stille in der Kirche erleben**

Die Kleingruppen haben die Möglichkeit, auch während der Vertiefungsphase in die Kirche zu gehen, um gemeinsam Stille zu erfahren und einzuüben.

Teil III: Liturgische Feier

Folgende liturgische Elemente „sich sammeln – still werden – beten – sich öffnen" werden im Tun vertieft.

▶ **Beginn**

Prozession in die Kirche; dazu wird das Lied *„Schweige und höre"* gesungen. Alle versammeln sich um den Altar. Die Eltern stehen hinter ihren Kindern.

▶ **Thema „Sich öffnen – empfangen"**

L vertieft das Thema der Katechese mit folgender Meditation:

„Maria ist offen für Gott, bereit zu empfangen wie eine leere Schale.
Wir öffnen unsere Hände wie eine Schale.
Wir schließen die Augen und werden für einen Moment ganz still.
(Stille)
Gott spricht zu uns in der Stille;
Er möchte uns – jedem von uns – ganz nahe sein;
Er möchte dir seine Nähe, seine Liebe schenken;
Er sagt: Ich nehme dich so an, wie du bist.
Ich liebe dich. Du bist mein Kind.

90   Maria war ganz offen für Gott.
      Sie hat gesagt: Ja, es soll geschehen, wie Gott es will.
      Wir beten jedes Mal im Vaterunser den Satz ‚dein Wille geschehe' –
      nicht mein Wille – nein, sein Wille geschehe.
      Maria kann uns eine Hilfe sein. Sie hat auch gefragt: Wie soll das geschehen?
      Aber Maria war offen für Gott.
      Deshalb wollen wir nun mit Maria gemeinsam beten:

                Mit Maria fragen ‚Wie soll das geschehen?'
                Mit Maria auf die leisen Stimmen hören.
                Mit Maria sich öffnen, damit etwas wachsen kann.
                Mit Maria ‚Ja' sagen zum Leben – zu Jesus.
                Mit Maria Gott einen Platz in mir geben.
                Mit Maria die Hoffnung weitertragen.
                Mit Maria der Welt neues Leben schenken.
                Mit Maria beten ‚Mir geschehe nach deinem Wort'."

▶ **Vaterunser**

L leitet über zum Vaterunser: „Jesus schenkt sich uns – er legt sich in unsere Hand.
Schließt jetzt bitte eure Augen ... und öffnet eure Hände zu einer Schale."
Die Katecheten legen ein Vaterunser-Leporello jedem Kind in die geöffneten Hände. Danach fordert L die Kinder auf, ihre Augen wieder zu öffnen und spricht: „Jesus hat uns dieses Gebet geschenkt – von allen Menschen, auf der ganzen Erde wird es gebetet. Jetzt wollen wir es gemeinsam ganz langsam und mit geöffneten Händen und offenem Herzen beten (und lassen das Gebet in unseren Händen liegen): Vater unser im Himmel ..."

▶ **Segen**

▶ **Lied**
„Herr, füll mich neu"

▶ **Abschluss**
Alle TN verneigen sich vor dem Kreuz und verlassen in Ruhe die Kirche.

5. Liturgiekatechese:

Eins werden (1 Kor 11,23–25)

Vorbereitung

Die Kinder bringen zu diesem Treffen Gegenstände mit, die eine wichtige Bedeutung für sie haben, die sie an jemanden oder an eine besondere Begebenheit erinnern.

- Gruppenkerzen, Streichhölzer, ein Kreuz, Evangeliar
- gelbes rundes Tuch, Reifen, Bänder, Teelichter
- Geschichte „Brot, das anders schmeckt" (s. S. 94)
- Geschichte „Der Ring meines Großvaters" (s. S. 95)
- ein Laib Brot
- Hostienschale mit einer großen Hostie, Kelch
- ein großes Kreuz aus Papier oder Holz mit der Aufschrift „Ich habe keine Hände als die euren"
- Farben für Handabdrücke
- Lieder zur Auswahl:
  Effata, öffne dich
  Herr, füll mich neu (s. Anhang, S. 155)
  Wir preisen deinen Tod (s. Anhang, S. 160)
  Dieses kleine Stück Brot (s. Anhang, S. 151)
  Herr, bist du unter uns
  Gottheit tief verborgen (in: Gotteslob Nr. 546)

Wie in Liturgiekatechese 2 beschrieben, versammeln sich die Kinder, Eltern, Katecheten u. a. im Gemeindehaus. Die Prozession setzt sich in Bewegung und der Weggottesdienst beginnt.

Teil I: Weggottesdienst

Folgende liturgische Elemente werden dabei vertieft: sich sammeln – still werden – schreiten – stehen – das Knie beugen – Gebetshaltung – beten – hören – singen – eins werden.

92

▶ **Eröffnung – das Kreuzzeichen**

L: „Durch die Taufe gehören wir zu dir – du bist unser Vater, wir sind deine Kinder. Daran wollen wir uns erinnern mit dem besonderen Zeichen; dem Kreuzzeichen; wir tun und sprechen es gemeinsam: + Im Namen des Vaters + und des Sohnes + und des Heiligen Geistes. Amen."

▶ **Prozession in Stille zum Altar**

▶ **Vertiefung der Kniebeuge**

L: „Herr, wir stehen vor dir; du bist so groß, unfassbar; durch dich empfangen wir Kraft, Mut, neue Hoffnung; du machst uns stark. Wir schauen zum Kreuz, machen die Kniebeuge und sprechen dabei: Gott, vor dir bin ich klein (*beim Hinknien*). – Gott, mit dir bin ich groß! (*beim Aufrichten*)."

▶ **Gebet**

L spricht vor, die TN sprechen Zeile für Zeile nach:

>Lasset uns beten.
>Herr Jesus Christus,
>du hast uns eingeladen,
>wir sind gekommen.
>In deinen Augen sind wir einmalig,
>deine Hände geben uns Halt.
>Mit deinen Armen umschließt du uns,
>deine Worte geben Kraft und Mut.
>Dafür danken wir dir.
>Amen.

▶ **Verkündigung – das Wort Gottes hören**

Vor der Schriftlesung wird ein Hallelujaruf gesungen (in der Fastenzeit ein Ruf vor dem Evangelium, z. B.: „Lob sei dir, Herr, König der ...").
Die Lesung (1 Kor 11,23–25) wird eingeleitet: „Aus dem Korintherbrief. Wir antworten darauf: + Ehre + sei dir + o Herr."
Es folgt die Verkündigung der Schriftlesung.
Die Wiederholung des Hallelujarufes bzw. des Rufes vor dem Evangelium schließt die Verkündigung der Schriftlesung ab.

▶ **Lied**

„Dieses kleine Stück Brot"

▶ **Auszug**

L entlässt die Kinder, die mit den Katecheten, dem Evangeliar und den Kerzen aus der Kirche ausziehen und den gehörten Schrifttext in ihren Kleingruppen vertiefen. Nach einer gemeinsamen Verbeugung vor dem Kreuz, verlassen alle TN in Ruhe die Kirche.

Teil II: Katechese/Vertiefung

Wie in den vorhergehenden Liturgiekatechesen handelt es sich hier um Vorschläge und einzelne Elemente, wie der Bibeltext 1 Kor 11,23–25 in den Kleingruppen vertieft werden könnte.

▶ **Gedanken zum Korintherbrief für den Katecheten**

Wer seine Freunde liebt, ist ganz für sie da. Menschen leben nicht nur für sich, sondern miteinander; sie versuchen füreinander da zu sein. Jesus war ganz für andere Menschen da, besonders für die, die in Not waren und nichts galten. Füreinander da sein macht das Leben wertvoller, garantiert dem Einzelnen mehr Lebensmöglichkeiten. Jesus hat seine Liebe zum Vater und zu den Menschen unbeirrt durchgehalten bis zum leidvollen Sterben am Kreuz.

Jesus hat, als er beim letzten Abendmahl mit seinen Freunden zusammen war, ein Erinnerungsgeschenk hinterlassen. Er gab nicht nur ein Zeichen, sondern er hat sich selber hingegeben. In Brot und Wein – seinem Leib und seinem Blut – ist er gegenwärtig und unter uns. Seinen Auftrag „Tut dies zu meinem Gedächtnis" erfüllen wir Christen bis auf den heutigen Tag in der Messfeier.

Für uns ist dieses Geschehen schwer zu verstehen; wir können es nur als „Geheimnis unseres Glaubens" fassen. Deshalb beten wir bei jeder Heiligen Messe nach der Wandlung die Worte „Deinen Tod, o Herr, verkünden wir und deine Auferstehung preisen wir, bis du kommst in Herrlichkeit."

„Eins werden" heißt: Wir dürfen den Leib Christi empfangen, an dem wir schon seit der Taufe Anteil haben. Leib Christi sein beinhaltet auch eine Sendung: „Empfangt, was ihr seid, Leib Christi. Und werdet, was ihr empfangt, Leib Christi." (Augustinus)

▶ **Spiel „Ich sehe was, was ihr nicht seht"**

In der Mitte liegt ein gelbes rundes Tuch, darauf wird ein Holzreifen gelegt. An dem Reifen ist für jedes Kind (einschließlich Katecheten) ein Band festgebunden, außerdem noch ein zusätzliches Band. Die Bänder zeigen wie Strahlen nach außen, so dass das Bild einer Sonne erscheint. In die Mitte des Reifens wird die Gruppenkerze gestellt und angezündet.

Die Katechetin beginnt, indem sie einen mitgebrachten Gegenstand (z. B. einen Stein) in eines der entstandenen Felder zwischen den „Strahlen" legt und sagt:

94   „Ich sehe was, was ihr nicht seht, und das ist ein Stein. Den Stein könnt ihr alle sehen, aber warum der Stein für mich so wichtig ist, das könnt ihr nicht sehen. Dieser Stein ist für mich wichtig, weil er mich erinnert … (z. B.: Wenn ich diesen Stein sehe oder fühle, dann erinnere ich mich an meine Freundin, die mich getröstet hat). Weil mir der Stein so wichtig ist, zünde ich ein Licht an." Ein brennendes Teelicht wird zum Stein gestellt. Der Reihe nach stellen die Kinder ihre mitgebrachten Gegenstände vor, erzählen dazu ihre Geschichte und zünden ein Teelicht an.

Zum Schluss legt ein Katechet einen Laib Brot in das letzte Feld. Dazu wird die Geschichte „Brot, das anders schmeckt" vorgelesen.

▶   **Geschichte „Brot, das anders schmeckt"**

Es war an der Südküste eines lateinamerikanischen Landes. In einem Fischerdorf wohnte Marco mit seiner Frau Linda und seinen drei Kindern Jose, Amalio und Lucia. Er war jahrelang Fischer gewesen. Seit einigen Monaten jedoch war er arbeitslos. Seine Firma, für die er zum Fischfang gegangen war, hatte sich aus dem Dorf zurückgezogen, weil sich, wie man ihm sagte, der Fischfang in der Küstenregion nicht mehr lohnte.

Der Tag ist nahe, an dem Marco seine Familie verlassen muss, um in der großen Stadt, die tausend Kilometer entfernt vom Dorf liegt, eine Arbeit zu finden. Bliebe er im Dorf, so wären die wenigen Ersparnisse bald aufgezehrt, und die ganze Familie müsste dann hungern.

Mutter und Kinder waren an dem Tag zuvor sehr traurig, dass der Vater so weit wegfahren musste, um für sie das tägliche Brot zu verdienen. Auch Marco, der Vater, war traurig, denn er wusste nicht, wann er seine Frau und seine drei Kinder wiedersehen würde. Er dachte den ganzen Tag darüber nach, was er seiner Familie zum Abschied als Andenken hinterlassen könnte, damit seine Frau und die Kinder immer, solange er weg war, an ihn denken würden; und er dachte darüber nach, was er mitnehmen könnte als Erinnerung an seine Liebsten.

Es war Abend geworden und alle saßen am Tisch. Jeder wusste, dass es das letzte Mal war, dass sie zusammen mit dem Vater das Abendbrot aßen. Es herrschte eine gespannte Stille, jeder wusste warum.

Nur die kleine Lucia wagte, den Vater zu fragen: „Papa, wenn du morgen wegfährst, schlafe ich dann noch?"

„Ja", sagte der Vater, „denn ich werde sehr früh abreisen. Ich brauche zwei Tage, um mit dem alten Bus in die große Stadt im Norden zu kommen. Aber ich werde bald eine Arbeit finden und eine Wohnung; und dann komme ich euch holen, damit wir immer beisammen sind. Ich weiß nicht, wie lange das dauern wird. Ich will von euch ein Andenken mitnehmen. Es soll mich daran erinnern, dass ich euch lieb habe und dass ich bald kommen muss, euch zu holen. Ich will aber auch euch ein Andenken hinterlassen. Es soll euch daran erinnern, dass ihr mich lieb habt und dass ihr auf mich wartet.

Ich habe nichts", fuhr der Vater fort, „was ich euch schenken kann. Trotzdem gibt es etwas, das wird uns helfen: euch, an mich zu denken, und mir, an euch zu denken.

Wenn ihr zusammen seid, und an diesem Tisch euer Brot esst, dann denkt an mich. Und wenn ich in der großen Stadt Brot esse, dann denke ich an euch."

„Abgemacht", riefen die Kinder und obwohl sie den Vater eine Zeit nicht mehr sehen würden, waren sie nicht mehr so traurig, denn sie wussten: Jedes Mal, wenn wir mit der Mutter am Tisch essen, dann denken wir an Vater. Und er denkt beim Brotessen an uns, bis er kommt, uns zu holen.

Seit diesem Tag hat das Brot den Kindern und der Mutter zu Hause und dem Vater in der Ferne anders geschmeckt.

© Jèsus Hernández Aristu

▶ **Deutung der Geschichte „Brot, das anders schmeckt"**

Die Geschichte wird gedeutet: „Viele Dinge haben *zwei* Wirklichkeiten: Eine Wirklichkeit, die wir alle sehen können. Dahinter verbirgt sich aber oft noch eine andere Wirklichkeit, die ich nur sehen und verstehen kann, wenn ich dazu die Geschichte kenne."

In der Mitte der Sonne stehen noch zwei Symbole: eine Hostienschale mit der großen Hostie und ein Kelch. Der Katechet/die Katechetin deutet: „So ist es auch mit dem Brot und dem Wein in der Heiligen Messe. Auf den ersten Blick ist es normales Brot und normaler Wein. Weil wir aber die Geschichte kennen, die dahinter steckt, wird es für uns im Gottesdienst zu heiligem Brot und zu heiligem Wein."

▶ **Geschichte „Der Ring meines Großvaters"**

Die Geschichte „Der Ring meines Großvaters" wird gelesen.

Folgende Deutung ist möglich: Besondere Zeichen haben eine besondere Bedeutung = Geheimnis. Die Geschichte zeigt uns, dass in einem Gegenstand eine tiefere Bedeutung sein kann, die auf den ersten Blick nicht zu erkennen ist.

Der Ring meines Großvaters

„Du darfst ihn nie verlieren, hast du gehört? Du musst ihn gut aufbewahren", sagte mein Vater, als er mir den Ring gab. Vater hatte noch nie so ernst mit mir gesprochen. Er sagte mir, dass dieser Ring meinem Großvater gehört habe und dass er von großer Bedeutung für uns sei.

„Du hast deinen Großvater nicht mehr gekannt. Als er starb, warst du noch sehr klein, und er hat dir diesen Ring hinterlassen, weil er dich sehr liebte."

Das geschah vor etwas fünf Jahren. Seitdem bewahre ich den Ring in meinem Koffer auf, und sooft ich meinen Koffer aufmache, lächle ich ihm zu und denke an meinen Großvater. Schön und wertvoll ist mein Ring nicht, aber er hat eine große Bedeutung,

96 obwohl ich nicht weiß, welche. Mein Vater will mir nicht sagen, warum der Ring so bedeutend ist; deswegen muss ich es wohl selbst herausfinden.

Mein Großvater hat diesen Ring selber angefertigt. In den zahlreichen Kriegen, die er mitgemacht hat, ist er sehr reich geworden. Er war ein Dorfoberhaupt mit einer großen Familie. In seinem Haus hatte er viele schöne Kunstgegenstände und zahlreiche wertvolle Dinge.

Obwohl er reich war, hat er mir diesen einfachen Ring hinterlassen. Wollte er, dass ich einfach wie dieser Ring sei? Oder wollte er, dass ich ein Künstler sei, wie er einer gewesen ist? Geheimnis ...

Aber ich denke, dass mein Großvater die Bedeutung dieses Ringes vor mir verborgen hat, weil er wollte, dass ich sie selbst herausfinde...

Es gibt viele Ringe, die schöner sind als der Ring meines Großvaters. Aber keiner ist für mich so wertvoll wie er.

Aufsatz eines afrikanischen Schülers

aus: Marschütz/Winner, Komm! Jesus lädt uns ein © Verlag Herder & Co. Wien 1990

▶ **Einsetzungsworte kennenlernen**

Die Gruppe liest gemeinsam die Einsetzungsworte. Dazu sind Kindergebetbücher gut geeignet.

▶ **Kreuz gestalten**

Auf einem Kreuz aus Papier oder Holz steht die Aufschrift „Ich habe keine anderen Hände als die euren"

Alle Kinder machen einen farbigen Handabdruck auf dem Kreuz. Dabei überlegen sie, was sie mit ihren Händen für Jesus – für die Mitmenschen – tun können.

Teil III: Liturgische Feier

Folgende liturgische Elemente „sich sammeln – still werden – beten – eins werden" werden im Tun vertieft.

▶ **Beginn**

Prozession in die Kirche; dazu wird das Lied *„Wir preisen deinen Tod"* gesungen. Alle versammeln sich um den Altar. Die Eltern stehen hinter ihren Kindern.

▶ **Brot-und-Wein-Meditation** 97

Auf dem Altar stehen Hostienschale und Kelch.

L leitet ein: „Wir feiern im Gottesdienst – in der Eucharistie – ein Geheimnis. Dieses Geheimnis ist nicht zu erklären – wir können es aber erfahren, wenn wir uns öffnen für Christus."

Brot-Besinnung

Wir sehen das Brot in der Mitte.

Das Brot ist aus Mehl geworden.

Die Körner für das Mehl wuchsen auf dem Feld.

Das Korn wurde geschnitten.

Die Körner wurden zermahlen.

Das Mehl wurde zu einem Teig geknetet.

Im Backofen wurde das knusprige Brot daraus.

Wir brauchen Brot zum Leben.

Jesus, du sagst: Dieses Brot, das bin ich für euch.

Du willst uns nah kommen, so nah,

dass wir dich in uns aufnehmen.

Wenn wir von diesem Brot essen,

dann kommst du zu uns.

Dann ist ein Stück vom Himmel in uns.

Danke, Jesus, dass du uns nah sein willst. Amen.

Wein-Besinnung

Wir sehen den Wein in der Mitte.

Es dauert lange, bis aus den Weintrauben funkelnder Wein wird.

Er muss lange in der Sonne reifen. Dann wird er geerntet.

Die Trauben werden gepresst. Sie verändern sich. Sie werden zu Saft.

Der Saft kommt in Fässer. Er muss gären und klar werden.

Dann wird Wein daraus: funkelnd, gelb oder rot.

Wenn wir ein Fest feiern, kommt er auf den Tisch.

Jesus, du möchtest, dass wir froh sind.

Du möchtest, dass wir leben.

Du sagst: Dieser Wein, das ist mein Blut.

Das ist die Kraftquelle meines Lebens. Das bin ich für euch.

Ich vergieße es, damit ihr glücklich leben könnt.

Jesus, danke, dass du uns froh machen willst. Amen.

aus: Elsbeth Bihler, Kommt und seht. Weggottesdienste zur Erstkommunion © 2008 Lahn-Verlag GmbH, Kevelaer, S. 129

98

▶ **Gebet: Geheimnis des Glaubens**

L leitet über zum „Geheimnis des Glaubens": „In jedem Gottesdienst wird das Geheimnis unseres Glaubens mit folgenden Worten ausgedrückt:

> Deinen Tod, o Herr, verkünden wir,
>
> und deine Auferstehung preisen wir,
>
> bis du kommst in Herrlichkeit."

L singt jeweils einen Vers vor „Deinen Tod, o Herr, verkünden wir" – Alle singen diesen Vers nach.

Alternativ kann das Lied *Wir preisen deinen Tod* gesungen werden.

▶ **Kreuzzeichen**

Im Gottesdienst folgt nach dem „Geheimnis des Glaubens" die Kommunionaustellung. Alternativ zum Empfang des Leibes Christi empfangen die Kinder ein anderes Zeichen seiner Liebe und Nähe: „Es gibt ein anderes Zeichen, das uns zeigen möchte: Jesus hat dich lieb. Jesus ist dir ganz nahe. Jesus ist dein Freund. Es ist das Kreuzzeichen – das der Priester oder jemand anderes – z. B. die Eltern – euch auf die Stirn zeichnen."

Die Erwachsenen, die hinter ihrem Kind stehen, zeichnen dem Kind ein Kreuzzeichen auf die Stirn. Die Kinder machen es ebenso bei dem Erwachsenen/Elternteil. Zum Zeichen des Segen Gottes und seiner Liebe zu uns können sie sich dabei Folgendes zusprechen: „Gott hat dich lieb", „Gott segne dich" oder „Gott beschütze dich".

▶ **Dankgebet**

> Jesus, du hast mit deinen Freunden das Abendmahl gefeiert,
>
> Du hast mit ihnen Brot geteilt und Wein getrunken.
>
> Du hast gesagt: Das bin ich für euch.
>
> Du willst ganz nah bei uns sein. Das ist ein großes Geschenk.
>
> Lass es uns immer besser verstehen. Amen.

▶ **Lied**

„Dieses kleine Stück Brot"

▶ **Abschluss**

Alle TN verneigen sich vor dem Kreuz und verlassen in Ruhe die Kirche.

6. Liturgiekatechese:
Anbetung (Mt 26,20–28)

Vorbereitung

* Gruppenkerzen, Streichhölzer
* ein Kreuz, Evangeliar
* Malutensilien: Papier, Stifte, Schere ...
* Geschichte und Zeichnungen „Die Geschichte vom Brot" (s. S. 102)
* Geschichte „Brot in deiner Hand" (s. S. 103)
* Übersichtsblatt „Die Feier der Heiligen Messe" (s. S. 105)
* ein Fladenbrot
* Lieder zur Auswahl:
  Schweige und höre (s. Anhang, S. 157)
  Wenn das Brot, das wir teilen (in: Troubadour für Gott, Nr. 193)
  Der Himmel geht über allen auf (in: Troubadour für Gott, Nr. 785)

Zu Beginn versammeln sich alle TN im Pfarrheim. An die Kommunionkinder werden die Gruppenkerzen, ein Kreuz und das Evangeliar verteilt. Danach begrüßt L die TN und lädt sie ein, sich zu sammeln, ruhig zu werden und die Hände zu falten. Die Hände sollten leer sein (keine Mützen oder Taschen sollten in den Händen sein), damit die Kinder nicht abgelenkt werden.

Dann stimmt L das Lied *„Schweige und höre"* an und alle singen mit. Die Prozession setzt sich singend in Bewegung, angeführt vom Kreuzträger. Der Weggottesdienst beginnt.

Teil I: Weggottesdienst

Folgende liturgische Elemente werden dabei vertieft: sich sammeln – still werden – schreiten – stehen – das Knie beugen – Gebetshaltung – beten – hören – singen.

▶ **Eröffnung – das Kreuzzeichen**

Ist die Prozession in der Kirche angekommen, bleiben alle TN hinten in der Kirche am Weihwasserbecken stehen.

100   L leitet zum Kreuzzeichen über: „Wir gehören zu Jesus. Jesus hat sich für uns am Kreuz hingegeben. Das Kreuz erinnert uns an seine unbegreifliche Liebe zu uns Menschen. Daran wollen wir uns nun mit dem Kreuzzeichen erinnern und beten gemeinsam: + Im Namen des Vaters + und des Sohnes + und des Heiligen Geistes. Amen."
Danach gehen alle TN in einer Prozession in Stille nach vorne und bleiben vor der ersten Stufe des Altarraums stehen. Die Eltern stellen sich hinter ihre Kinder.

▶ **Vertiefung der Kniebeuge**

L leitet zur Kniebeuge über: „Jesus, am Kreuz bist du für uns gestorben. Du schenkst uns immer dein neues, österliches Leben, deine Liebe und Nähe."
L lädt die Teilnehmer ein, zum Kreuz zu schauen und im Angesicht des Kreuzes eine Kniebeuge zu machen.
„Beim Hinknien beten wir: Gott, vor dir bin ich klein.
Beim Aufrichten beten wir: Gott, mit dir bin ich groß."

▶ **Gebet**

Wenn alle TN wieder stehen, leitet L das folgende Gebet an. L betet eine Zeile vor, die Teilnehmer sprechen die jeweilige Zeile nach:

> Jesus,
> du bist unserer Mitte.
> Du schenkst uns deine Freude,
> die ist eine besondere Freude.
> Du schenkst uns Frieden,
> der ist der wichtigste in unserem Leben.
> Dafür danken wir dir.
> Wir bitten dich:
> Wenn wir uns streiten oder traurig sind:
> Hilf uns, dass wir uns wieder verstehen
> und Frieden miteinander schließen. Amen.

▶ **Verkündigung**

L leitet zum Halleluja über: „Bevor wir das Wort Gottes hören, wollen wir Gott mit dem Halleluja begrüßen" (in der Fastenzeit ein Ruf vor dem Evangelium z. B.: „Lob sei dir, Herr, König der ewigen Herrlichkeit", Gotteslob Nr. 173,1). L singt einen Hallelujaruf vor, die TN singen danach gemeinsam. Danach leitet L zum Evangelium über: „Aus dem Evangelium nach Matthäus. Wir antworten darauf: + Ehre + sei dir + o Herr. – Während wir antworten, zeichnen wir mit unserem Daumen nacheinander je ein kleines Kreuz auf unsere Stirn, unseren Mund und unser Herz."

L macht beim Sprechen die Gesten vor und erklärt dabei: „Dies tun wir, damit wir Gottes Wort verstehen lernen *(Stirn)*, davon erzählen, es weitersagen *(Mund)*, es in unserem Herzen bewahren und danach leben *(Herz)*."
Nachdem sich alle bekreuzigt haben, verkündet L das Evangelium (Mt 26,20–28: Das Mahl). Die Wiederholung des Hallelujarufes bzw. des Rufes vor dem Evangelium schließt die Verkündigung des Evangeliums ab.

▶ **Auszug**

L entlässt die Kinder, die mit den Katecheten und dem Evangeliar und den Kerzen aus der Kirche ausziehen und das gehörte Evangelium in ihren Kleingruppen vertiefen.
Nach einer gemeinsamen Verbeugung vor dem Kreuz, verlassen alle TN in Ruhe die Kirche.

Teil II: Katechese/Vertiefung in Kleingruppen

▶ **Einstiegsimpuls: „Die Geschichte vom Brot"**

L.: „Brot ist lebens-not-wendig. Das spüren wir besonders, wenn wir hungrig sind. Wie Brot entsteht, das wollen wir jetzt miteinander bedenken."
„Die Geschichte vom Brot" (s. S. 102) wird miteinander erarbeitet: Nachdem der Text gelesen und die Bilder angeschaut wurden, kann der linke Text noch einmal von L vorgelesen werden, dabei empfinden die Kinder das Gesagte gemeinsam in einer Pantomime ganz langsam (= wachsend) nach: Die Kinder hocken sich hin; während L den Text langsam vorliest, bewegen sich die Kinder als wären sie die Keime, die Getreidehalme, die sich allmählich durch das Erdreich, durch die Erdkruste einen Weg ans Tageslicht bahnen und immer weiter wachsen, sich im Wind bewegen und nach der Sonne und dem Regen ausstrecken.

▶ **„Die Geschichte vom Brot"**
Wachsen und Reifen (s. S. 102)

▶ **Lied „Wenn das Brot, das wir teilen"**

L.: „Vom geteilten Brot und geteilter Liebe leben wir. Das sagt auch das Lied *„Wenn das Brot, das wir teilen"* aus." Alle singen gemeinsam die ersten drei Strophen.
L: „Gottes Liebe können wir auch in unser Leben aufnehmen. Davon spricht die vierte und fünfte Strophe dieses Liedes." Alle TN singen die beiden Strophen.

102 **Die Geschichte vom Brot**

Das Korn

Ein Korn liegt in
der Erde.
Es ist dunkel.
Das Korn ist wie tot.
Hart und geschlossen.
Es liegt wie
in einem Grab.

Und dann geschieht
das Wunder:
Die Sonne erwärmt
den Boden.
Der Regen feuchtet ihn an.
Das tote Korn im Grab
wird verwandelt:
Es bricht auf.
Ein kleiner,
vorwitziger, grüner Keim
wächst aus dem Korn
hinauf ans Licht.

Immer weiter
streckt er sich
der Sonne entgegen.
Er bekommt kleine
Blätter.
Die Frucht wächst.

Das Wunder ist da:
In dem toten Korn
steckte Leben.
Es wurde verwandelt
vom Tod zum Leben.
Das Leben hat sich
durchgesetzt.

Wir

Wir waren nicht da.
Keiner hat an uns gedacht.
Und dann geschah ein Wunder:
Zwei Menschen, Mutter und
Vater, hatten sich lieb.
Jetzt waren wir da:
verborgen im Leib
unserer Mutter.

Wir wuchsen und wurden
geboren.
Wir haben das Licht der
Welt erblickt.
Wir können leben, weil
Menschen die Sonne ihrer Liebe
über uns scheinen lassen.
Nach Liebe strecken wir uns aus.
Wir wachsen immer weiter,
dem Licht entgegen.
Unser Licht ist Gott.

Es ist unsere Aufgabe
zu wachsen,
zu lernen,
erwachsen zu werden.
Gott möchte, dass wir
seine Liebe
weiterschenken.

Dann bringen wir Frucht.
Wir geben weiter, was
wir gelernt haben.
Wir geben unsere Liebe weiter.
Gott möchte, dass wir leben.
Er schenkt uns Leben,
das nie aufhört.
Auch nach dem Tod.
Dann leben wir bei Gott
wie Jesus:
Verwandelt zu neuem,
ewigem Leben.

aus: Elsbeth Bihler, Kommt und seht. Werkbuch zur Erstkommunion und Beichtvorbereitung
© 1991 Lahn-Verlag GmbH, Kevelaer, S. 92 / Illustrationen: ReclameBüro, München

▶ **Geschichte „Brot in deiner Hand"** 103

Brot kann manchmal Wunderbares bewirken. In der Geschichte „Brot in deiner Hand"
kommt dies zur Sprache. Die Geschichte wird vorgelesen oder miteinander gelesen.

Brot in deiner Hand

An der Jakobstraße in Paris liegt ein Bäckerladen; da kaufen viele hundert Menschen
ihr Brot. Der Besitzer ist ein guter Bäcker. Aber nicht nur deshalb kaufen die Leute des
Viertels dort ihr Brot. Noch mehr zieht sie der alte Bäcker an, der Vater des jungen Bä-
ckers. Meistens ist nämlich der alte Bäcker im Laden und verkauft. Dieser alte Bäcker
ist ein spaßiger Kerl. Manche sagen: Er hat einen Tick. Aber nur manche; die meisten
sagen: Er ist weise, er ist menschenfreundlich. Einige sagen sogar: Er ist ein Prophet.
Aber als ihm das erzählt wurde, knurrte er: „Dummerei ... "

Der alte Bäcker weiß, dass man Brot nicht nur zum Sattessen brauchen kann, und gerade das gefällt den Leuten. Manche erfahren das erst beim Bäcker an der Jakobstraße,
zum Beispiel der Busfahrer Gérard, der einmal zufällig in den Brotladen an der Jakobstraße kam.

„Sie sehen bedrückt aus", sagte der alte Bäcker zum Omnibusfahrer. „Ich habe Angst
um meine kleine Tochter" , antwortete der Busfahrer Gérard. „Sie ist gestern aus dem
Fenster gefallen, vom zweiten Stock." – „Wie alt?" fragte der Bäcker. „Vier Jahre", antwortete Gérard. Da nahm der alte Bäcker ein Stück Brot, das auf dem Ladentisch lag,
brach zwei Bissen ab und gab das eine Stück dem Busfahrer Gérard. „Essen Sie mit mir",
sagte der alte Bäcker, „ich will an Sie und Ihre Tochter denken." Der Busfahrer Gérard
hatte so etwas noch nie erlebt, aber er verstand sofort, was der alte Bäcker meinte, als
er ihm das Brot in die Hand gab.

Und sie aßen beide ihr Brotstück und schwiegen und dachten an das Kind im Krankenhaus.

Zuerst war der Busfahrer Gérard mit dem alten Bäcker allein. Dann kam eine Frau herein.
Sie hatte auf dem nahen Markt zwei Tüten Milch geholt und wollte nun eben noch Brot
kaufen. Bevor sie ihren Wunsch sagen konnte, gab ihr der alte Bäcker ein Stück Weißbrot in die Hand und sagte: „Kommen Sie, essen Sie mit uns: Die Tochter dieses Herrn
liegt schwer verletzt im Krankenhaus – sie ist aus dem Fenster gestürzt. Vier Jahre ist
das Kind. Der Vater soll wissen, daß wir ihn nicht allein lassen." Und die Frau nahm das
Brot und aß mit den beiden.

So war das oft in dem Brotladen, in dem der alte Bäcker die Kunden bediente. Aber es
passierte auch anderes, über das sich die Leute noch mehr wunderten.

Da gab es zum Beispiel einmal die Geschichte mit Gaston: An einem frühen Morgen wurde die Ladentür aufgerissen und ein großer Kerl stürzte herein. Er lief vor jemandem
fort; das sah man sofort. Und da kam ihm der offene Bäckerladen ganz recht. Er stürzte
also herein, schlug die Tür hastig hinter sich zu und schob den Riegel von innen vor.

104

„Was tun Sie da?" fragte der alte Bäcker. „Die Kunden wollen zu mir herein, um Brot zu kaufen. Machen Sie die Tür sofort wieder auf." Der junge Mann war ganz außer Atem. Und da erschien vor dem Laden auch schon ein Mann wie ein Schwergewichtsboxer, in der Hand eine Eisenstange. Als er im Laden den jungen Kerl sah, wollte er auch hinein. Aber die Tür war verriegelt.

„Er will mich erschlagen", keuchte der junge Mann. „Wer? Der?" fragte der Bäcker. „Mein Vater", schrie der Junge, und er zitterte am ganzen Leibe. „Er will mich erschlagen. Er ist jähzornig. Er ist auf neunzig!"

„Das lass mich mal machen", antwortete der alte Bäcker, ging zur Tür, schob den Riegel zurück und rief dem schweren Mann zu: „Guten Morgen, Gaston! Am frühen Morgen regst du dich so auf? Das ist ungesund! So kannst du nicht lange leben. Komm herein, Gaston. Aber benimm dich. Lass den Jungen in Ruh'. In meinem Laden wird kein Mensch umgebracht."

Der Mann mit der Eisenstange trat ein. Seinen Sohn schaute er gar nicht an. Er war viel zu erregt, um dem Bäcker antworten zu können. Er wischte sich mit der Hand über die feuchte Stirn und schloß die Augen.

Da hörte er den Bäcker sagen: „Komm, Gaston, iss ein Stück Brot; das beruhigt. Und iss es zusammen mit deinem Sohn; das versöhnt. Ich will auch ein Stück Brot essen, um euch bei der Versöhnung zu helfen." Dabei gab er jedem ein Stück Weißbrot.

Und Gaston nahm das Brot, auch sein Sohn nahm das Brot. Und als sie davon aßen, sahen sie einander an, und der alte Bäcker lächelte beiden zu. Als der Junge gegessen hatte, sagte Gaston: „Komm, Junge, wir müssen an die Arbeit."

Heinrich A. Mertens

L: „Wann geschieht das Entscheidende in der Geschichte? Wie können wir diese Geschichte in unser Leben aufnehmen?"

▶ **Die Heilige Messe**

In der Heiligen Messe, in der Eucharistiefeier hat Brot eine besondere Bedeutung. L teilt die Übersicht „Die Feier der Heiligen Messe" aus und bespricht mit den Kindern den Ablauf.

L und die Kinder sprechen über die beiden Hauptteile der Heiligen Messe: Im Wortgottesdienst teilt Gott mit uns sein Wort, er teilt sich uns in der Frohen Botschaft (Evangelium) mit; in der Eucharistiefeier (= Danksagung) teilt sich Jesus im heiligen Brot und Wein uns selbst mit. Gott/Jesus anzubeten heißt: eine ganz persönliche Beziehung auf- und auszubauen und diesen Kontakt, diese Gemeinschaft, Freundschaft zu pflegen.

Die Feier der Heiligen Messe

Eröffnung
Einzug
Begrüßung und Einführung
Kyrie
Gloria
Tagesgebet

Wortgottesdienst
Lesung
Zwischengesang
Lesung
Hallelujaruf
Evangelium
Predigt
Credo
Fürbitten

Eucharistiefeier
Gabenbereitung

Hochgebet
Sanctus
Wandlung

Kommunionfeier
Vater unser
Friedensgebet
Agnus Dei
Kommunion
Danksagung

Sendung
Segen und Entlassung

▶ **Brot teilen**

L: „Zeichenhaft wollen wir jetzt auch Brot teilen und dabei Jesus in unserer Mitte, in unserem Herzen wahrnehmen". Das Fladenbrot wird herumgereicht, jede/r TN nimmt sich ein Stück. Wenn alle ein Stück Brot haben, wird es gemeinsam gegessen. Zum Abschluss wird noch einmal die 1. Strophe von „*Wenn das Brot, das wir teilen*" gesungen.

Teil III: Liturgische Feier

Die liturgische Elemente „sich sammeln – still werden – beten – bitten" werden im Tun vertieft.

▶ **Beginn**

Prozession in die Kirche. Alle versammeln sich um den Altar. Die Eltern stehen hinter ihren Kindern.

106 ▶ **Stille**

L: „Jesus lädt uns an seinen Tisch. Jesus möchte uns stärken. Um den Altar versammelt schenkt uns Jesus neue Kraft für unseren Glauben an ihn, für unser Vertrauen zueinander."

▶ **Bitten**

Alle TN werden nun eingeladen das folgende Gebet Vers für Vers nachzubeten:

> Jesus,
> du hast vielen Menschen geholfen.
> So konnten sie wieder aufatmen
> und haben sich über ihr Leben gefreut.
> Wir danken dir für unser Leben,
> für die Menschen,
> die Tag für Tag
> sich liebevoll um uns sorgen.
> Segne sie und segne uns. Amen.

▶ **Vaterunser**

L leitet zum Vaterunser über: „Herr, Jesus Christus, wir stehen vor dir mit unseren Bitten, Fragen und Anliegen. Voll Vertrauen dürfen wir nun beten ..."
Gemeinsam beten nun alle TN das Vaterunser.

▶ **Abschlusslied**

„Der Himmel geht über allen auf"

▶ **Segen**

Die TN werden mit einem frei formulierten Segen entlassen. Sie verbeugen sich vor dem Kreuz und verlassen die Kirche in Ruhe.

Das Versöhnungswochenende[1]

Der Weg der Versöhnung

Das Sakrament der Versöhnung ist nicht zuerst ein notwendiger Inhalt der Erstkommunionvorbereitung, sondern ein Lebensvollzug – und er braucht Zeit. Deswegen war eine erste Option der in unserem Konzept entworfenen Praxis der Versöhnung, dass wir dazu mit den Kindern und ihren Katechetinnen und Katecheten ein gemeinsames Wochenende erleben, das durch das Leben, Spielen, Schlafen und Beten einen natürlichen Raum gewährt, in dem dann die Katechese der Versöhnung vermittelbar wird.

Auch wenn das Hauptthema des Wochenendes die Versöhnung ist, ist doch nicht die Beichte selbst das Hauptthema. Das Wochenende stand unter dem Zeichen des Miteinanders, des Spielens, Betens und Singens, der Vertiefung der Botschaft von der geschenkten Liebe Gottes. Und innerhalb dieses Wochenendes kam es auch zur Feier des Sakramentes der Versöhnung. Für die Kinder – und auch für die Katecheten – geschah diese Feier deutlich akzentuiert, aber ohne jede Anspannung: als fast selbstverständliche Konsequenz einer Auseinandersetzung mit dem Thema der Liebe Gottes.
Am Beginn steht die **Wanderung**: der Pfarrer, die Gemeindereferentin und die Kinder und Katecheten wandern zwei Stunden, unterbrochen von Geschichten der Versöhnung. Dabei geschieht neben der Erinnerung an die aus der Schule und dem Religionsunterricht bekannten Geschichten, die frei erzählt werden, auch ein intensiveres Kennenlernen des Pfarrers. Natürlich kennen sie ihn aus den mystagogischen Feiern während der Erstkommunionvorbereitung, aber wann sind sie je schon mal mit ihm gewandert? Nach jeder Geschichte wird ein Lied gesungen oder eingeübt. Auch diese Lieder haben mit dem Thema der Versöhnung zu tun.

Am Abend nach dem Abendessen gibt es eine **gemeinsame Singrunde und persönlichkeitsorientierte Spiele**. In dieser Zeit kann die Gemeinschaft der Kinder und Katecheten weiter zusammenwachsen. Der Abend endet sehr selbstverständlich mit einem Abendgebet in der Kapelle oder auch im Gruppenraum.

Am nächsten Morgen beginnt mit einer **Einführung ins Thema** der eigentliche Weg der Versöhnung. In der Mitte des Raumes liegen schwere Basaltsteine – Quader, die normalerweise für die Pflasterung von Wegen gedacht sind. Anhand dieser Quader wird die Geschichte vom barmherzigen Vater aufgearbeitet. Es geht um die Last des verlorenen Sohnes, die in der Umarmung durch den Vater losgelassen werden kann. Diese Geschichte (Lk 15,11–32) wird langsam erzählt – der Stein, der die Last des verlorenen

108 Sohnes sinnlich erfahrbar macht, wird den Kindern zur Beschreibung weitergereicht: „Er ist schwer" – „Er ist kalt" – „Er glitzert" – „Er wird nie warm" – „Er ist kantig" – „..." – „Was kann man nicht tun, wenn man einen solchen Stein in der Hand hält?" – „Wir können nicht Fahrradfahren" – „Ich kann nicht schreiben" – „Ich kann niemanden umarmen" – „Ich kann niemanden begrüßen" – „Ich bin behindert für fast alles" – „..."

Auf diese Weise wird deutlich, was eine Last ist und wie sie sich auswirkt auf das Leben der Menschen: Selbst wenn sie auf die Dauer tragbar ist – sie behindert doch sehr. Die Pointe der Geschichte ist aber die Umarmung durch den Vater. Der Erzähler der Geschichte lässt in diesem Augenblick unvermittelt den Stein auf den Boden fallen. Alle sind erschrocken, denn der Stein fällt wirklich zu Boden. Das ist laut, macht Lärm und wirkt fast erlösend, aber auch zerstörerisch. Kein Kind hätte sich das im Gruppenraum getraut, weswegen auch alle sehr beeindruckt sind. Die Geschichte endet mit einem gemeinsamen Lied.

Vor der Pause erklärt der Pfarrer nun noch, wie sich solche Versöhnung auch heute ereignen kann. Dazu dient die violette Stola, die über den Steinen liegt, und die er nun in der Hand hält und ihren Sinn erklärt. Wie geschieht Begegnung mit dem Vater heute und welche Rolle spielt die Stola dabei. „Und wie macht das der Priester? Kann der sich selbst versöhnen?" – Hier ist das Zeugnis des Pfarrers gefragt, und die Kinder staunen nicht schlecht, wenn sie hören, dass auch der Priester für das Geschenk der Versöhnung des gegenwärtigen Christus einen anderen Priester braucht. Und dann erklärt er auch, wie diese „Umarmung" des Vaters sich heute durch das Sagen der Lasten und die durch Gebet begleitete Auflegung der Hände ereignet.

Nach einer Pause beginnt nun der eigentliche **Weg der Versöhnung**. Jedes Kind bekommt einen Stein aus dem Haufen von Quadersteinen. Einige lassen ihn spielerisch hin- und herschwingen, einige legen ihn in ihre Anoraktaschen. Alle aber werden ermahnt, ihn nun in der Hand zu tragen. Es beginnt nun eine zweite Wanderung, so wird den Kindern erklärt, auf der wir uns gemeinsam fragen, ob es solche Lasten wie die des verlorenen Sohnes auch in unserem Leben gibt. Gewissermaßen ist die nun beginnende Wanderung, die etwa eine Stunde dauert, eine Art „Gewissenserforschung auf dem Weg". An ihrem Ende soll dann die Erfahrung der Versöhnung stehen, die der verlorene Sohn gemacht hat.

Die Gewissenserforschung hat drei Stationen, bei denen die verschiedenen Lebensfelder durchüberlegt werden: Familie (Wie lebe/n ich/wir in der Familie? Mit meinen Geschwistern? Mit meinen Eltern?), Schule (Sehe ich etwas Gutes in den anderen/im Lehrer?), Innere Stimme (Die Stimme sagt oft: „Lass das" oder „Tu das!" Höre ich auf diese Stimme oder überhöre ich sie?"). Die Atmosphäre ist gelassen und heiter, manchmal mehr oder weniger konzentriert. Die „Gewissenserforschung auf dem Weg" erfolgt

gemeinsam und wird im Gespräch erarbeitet. Und sie ist die Vorbereitung auf das Sakra-   **109**
ment der Versöhnung, auf das große Geschenk Gottes.

Am Ende des gemeinsamen Weges sammeln sich alle wieder im Gruppenraum für die anschließende **Versöhnungsfeier**. Dort liegen Zettel bereit, auf die – bei stiller Musik –
jede/r, Kinder wie Katecheten, nun ihre „Lasten" notieren können. Diese Zettel werden
dann – im Vollzug der Feier – verbrannt.

Inzwischen ist die Kapelle vorbereitet worden. Für jeden der Kinder und Katecheten wird ein Teelicht auf den Altar gestellt. Eine Schale steht auf der Erde, um die Zettel
zu verbrennen. Ein CD-Player spielt leise Musik. Der Priester steht mit seiner Stola vor
dem Altar. In Kleingruppen kommen nun die Kinder mit ihren jeweiligen Katecheten
nacheinander in die Kirche. Der Pfarrer erklärt noch einmal den Verlauf – und los geht's:
Die Kinder kommen, während die Musik spielt, einzeln nach vorne. Der Pfarrer fragt
sie nach ihren Lasten. In ganz vielen Fällen erzählen Kinder und Katecheten ganz offen von ihren Lasten. Dabei sind die Lasten zuweilen auch Belastungen, also im engen
Sinne keine „Materie" des Sakraments. Zuweilen sind auch Kinder da, die nichts sagen
wollen. Auch hier dringt der Pfarrer nicht weiter auf ein „Sündenbekenntnis", sondern
lässt zu, dass Kinder nicht im engen Sinne eine Beichte ablegen. Sie haben ihre Steine
mitgebracht – die dürfen sie dann ablegen. So entsteht nach und nach ein echter Stein-
haufen.

Alle Kinder und Katecheten erfahren aber dennoch äußerlich Gleiches: Sie dürfen
den mitgebrachten Zettel verbrennen, sie erfahren die Handauflegung, und sie erhalten ein brennendes Teelicht als Zeichen des neuen Anfangs und einen kleinen Schmuck-
stein, der diesen neuen Anfang ebenfalls markiert.

Wenn es echte „Materie", also Anlass für Schuld und Schuldbewusstsein gab,
spricht der Priester bei der Handauflegung die vorgeschriebene Versöhnungsformel, in
jedem anderen Fall spricht er während der Handauflegung ein Gebet mit der Bitte um
Versöhnung. Dadurch wird vermieden, dass es mehrere Klassen der Versöhnung gibt.
Und der Vollzug wird allen gleich bekannt.
Die Reaktionen auf diese Form der Versöhnung sind unglaublich positiv, vor allem von
Seiten der Katecheten, die so etwas meist zum ersten Mal nach langen Jahren erleben.
Für die Kinder wird die Feier der Versöhnung als eine ernste, aber freudige Erfahrung
wahrgenommen.
Das Wochenende könnte nun schon zu einem Abschluss kommen, wenn die Umstände es
verlangen. Wünschenswert ist es aber, wenn es jetzt weitergeht. Spiele und Workshops,
aber auch das gemeinsame Essen und eben das einfache Singen und Beten erhalten
jetzt eine neue Kraft.

Am nächsten Morgen feiern wir mit den Kommunionkindern Eucharistie: Natürlich
können die Kinder noch nicht an der Kommunion teilhaben, aber sie kennen die Feier in

110   diesem kleinen Rahmen noch nicht und sind deswegen meist sehr aufmerksam. Sowohl der Pfarrer, aber auch die Katechetinnen und Katecheten werden hier sehr beobachtet. Es wird deutlich, dass auch die Eucharistiefeier eine Feier der Versöhnung ist.

Übersicht über das Versöhnungswochenende

Freitag

15.00	Start zur Wanderung: Weg mit Versöhnungsgeschichten und -liedern
18.00	Abendessen
19.00	Singen Spiele, z. B. „Ich mag an dir ...“ Stilleübung
anschließend	Abendgebet in der Kapelle mit Kerzen Nachtruhe

Samstag

08.45	Frühstück
09.30	**Einführung in das Thema Versöhnung** Symbol Stein Gleichnis vom barmherzigen Vater **Weg der Versöhnung** Jeder bekommt einen Stein Aufschreiben, „was mich bedrückt“ **Versöhnungsfeier in der Kapelle** Zettel verbrennen Möglichkeit, das Geschenk der Versöhnung zu empfangen (Gruppen jeweils einzeln, alle anderen Kinder malen bei leiser Musik Mandalas)
12.00	Mittagessen
14.30	Kaffee

15.00	Workshops: Freundschaftsbänder, Stoffbild malen, Versöhnungs-kerzen verzieren	
18.00	Abendessen	
19.00	Singen, Spiele, Nachtwanderung	
21.30	Nachtruhe	

Sonntag

08.45	Frühstück
09.15	Eucharistiefeier
10.30	Spiele, Wanderung, Abschlussrunde
12.00	Mittagessen, anschließend aufräumen
13.30	Abfahrt

▶ **Versöhnungsgeschichten**
- Das Gleichnis vom unbarmherzigen Gläubiger (Mt 18,23–35)
- Von der Pflicht zur Vergebung (Mt 18,21–22)
- Das Gleichnis vom verlorenen Schaf (Mt 18,12–14)
- Jesus im Haus des Zöllners Zachäus (Lk 19,1–10)
- Jesus und die Ehebrecherin (Joh 7,53–8,11)
- Beispiel vom barmherzigen Samariter (Lk 10,25–37)
- Das Gleichnis vom barmherzigen Vater (Lk 15,11–32)

---

[1] Im Detail finden Sie die Hintergründe und Inhalte des Versöhnungs-Wochenendes in dem Buch „Think about". Das Sakrament der Buße mit Kindern, Jugendlichen und Erwachsenen neu entdecken, Don Bosco Medien GmbH, München 2008.

112 Elternkatechese: Versöhnung

Einordnung der Elternkatechesen in das Erstkommunionkonzept

Sehen wir auf die heutige Lebens- und Glaubenswirklichkeit der Menschen und berücksichtigen wir ihren katechumenalen Status, ergibt sich in der Durchführung von Elternkatechesen eine weitere Konsequenz für unsere pastorale Arbeit in der Erstkommunionvorbereitung.

In den Elternkatechesen haben Eltern einerseits die Chance, sich mit ihrem eigenen Glauben auseinander zu setzen. Gleichzeitig erhalten sie andererseits einen Eindruck davon, wie ihre Kinder in den unterschiedlichen Vorbereitungstreffen auf die Erstkommunion vorbereitet werden. Die Eltern werden intensiver mit in die Erstkommunionvorbereitung einbezogen und sie können sich besser mit ihren Kindern über das Erlebte unterhalten und sich austauschen. Die Chance, dass der Glaube wieder zu einem Gesprächsthema in den Familien wird, erhöht sich dadurch deutlich.

Für die Elternkatechesen ist kein zusätzlicher Termin nötig. Sie können erwachsenengerecht zeitgleich mit den Katechesen der Kinder stattfinden. Unser Treffpunkt ist gewöhnlich die Kirche, da alle Räume des Pfarrheims durch die Kinder belegt sind. Es ist möglich, an allen sechs Vorbereitungstreffen eine Elternkatechese zum gleichen Thema anzubieten, mit dem sich die Kinder befassen. Die Erfahrung zeigt allerdings, dass die Katechesen zu den Themen „Buße – Versöhnung" und „Eucharistie" am besten besucht wurden.

Vorbereitung

- braunes Tuch, Steine
- Schale zum Verbrennen, Kerze
- Stifte, Zettel
- lila Stola, Bibel, CD
- Liederbuch der Pfarrgemeinde
- Versöhnungsstationen
- Edelsteine, Zettel mit biblischen Zusagen (s. S. 115)
- Lieder zur Auswahl:
  Wie ein Fest nach langer Trauer (s. Anhang, S. 159)
  Herr, ich komme zu dir

▶ **Einstieg**   113

Als Einstieg werden die Lieder *„Wie ein Fest nach langer Trauer"* und *„Herr, ich komme zu dir"* gesungen. L führt in das Thema ein: „Versöhnung – Was fällt mir dazu ein? Welche Erfahrungen habe ich mit dem Sakrament der Versöhnung (früher: Bußsakrament)?"
In der Mitte des Raumes liegt ein braunes Tuch, darauf Steine. Die Teilnehmer werden aufgefordert, die Steine anzufassen. – „Wie fühlen sich diese Steine an? Was kann ich nicht machen, wenn ich einen Stein in der Hand halte?"

▶ **Schriftlesung und Deutung**

Das Gleichnis vom barmherzigen Vater (Lk 15,11–32) wird vorgelesen.
Impulse dazu: „Der Sohn traut sich nicht … – Der Vater sieht ihn schon von weitem, er läuft ihm entgegen, nimmt ihn in die Arme … Vom Sohn fällt die Belastung ab wie ein Stein, der zu Boden fällt" (dazu den Stein runterfallen lassen).

▶ **Einzelbesinnung**

Versöhnung ist etwas ganz Persönliches zwischen Gott und dem einzelnen Menschen. Jeder Teilnehmer bekommt einen Stein mit der Einladung, in den nächsten 40 Minuten zur Ruhe zu kommen, sich mit biblischen Versöhnungsgeschichten (s. S. 123) und weiteren Stationen zur Versöhnung (s. S. 116) auseinander zu setzen. An acht Orten in der Kirche sind sie eingeladen, anzuhalten, innezuhalten, zu lesen, zu schweigen …

8 Stationen in der Kirche
(Im Hintergrund ist leise Musik zu hören.)

Ort		Thema der Stationen	Material
	Nische links	Station 1: Spiegel – Mir in die Augen sehen	Spiegel, Kopien
	vor dem Altar	Station 2: Fürbittbuch	Tücher, Fürbittbuch
	Klagemauer	Station 3: Klagemauer – Was mich bedrückt	Korb, Stifte, Zettel, Kopien
	Querhaus	Station 4: Die Zehn Gebote	Korb, Stifte, Zettel, großes Tuch, Kopien

	Taufkapelle	Station 5: Wer bin ich?	Korb, Stifte, Zettel, großes Bild (Sieger Köder: Harlekin), Maske, Tücher, Kopien
	Tisch hinten rechts in der Kirche	Station 6: Eine Geschichte auf dem Weg	Korb, Stifte, Zettel, Glas, 2 Schalen, große Steine, Kieselsteine, Sand, Kopien
	Taizékapelle	Station 7: Schweigen – Verzichten auf die vielen Worte	Kopien
	vor dem Marienaltar	Station 8: Bibelbrunnen	Korb, Stifte, Zettel, blaue Tücher, Bibeln, Kopien

▶ **Thema „sakramentale Beichte"**

Nach der Einzelbesinnung kommen alle TN wieder im Plenum zusammen.
Es gibt Gelegenheit, Gedanken von den Stationen zu erzählen.
Das Sakrament der Versöhnung wird vertieft:

- Stola – Welche Bedeutung hat sie?
- Es tut gut, wenn man das aussprechen kann, was belastet.
- Der Priester leiht Gott sein Ohr – sein Herz dafür: „Ich leihe Jesus mein Ohr – meinen Mund ..."

▶ **Die Last abwerfen**

Die Erwachsenen haben nun die Möglichkeit,

- das, was sie in der Einzelbesinnung auf ihren Zettel geschrieben haben, zu verbrennen.
- loszulassen, das abzugeben, was sie bedrückt – den Stein abzulegen.
- Wir dürfen Gott gleichzeitig bitten, dass er uns vergibt – wir dürfen ihm danken und ihn lobpreisen.

Dies geschieht nacheinander. Jeder kann dazu ein Dank- bzw. Bittgebet sprechen.

▶ **Biblische Zusagen**

In der Bibel lesen wir viele Zusagen: dass wir einmalig sind, dass wir geliebt sind. Gott nimmt uns so an, wie wir sind.
Nachdem jeder seinen Zettel verbrannt oder seinen Stein abgelegt hat, darf sich jeder als Zeichen der Verwandlung einen Edelstein und einen kleinen Zettel nehmen, auf dem eine biblische Zusage steht.

Beispiele für biblische Zusagen   115

Du bist mein geliebter Sohn, an dir habe ich Gefallen gefunden.
(Markusevangelium 1,11)

Fürchte dich nicht, denn ich bin mit dir; hab keine Angst, denn ich bin dein Gott.
Ich helfe dir, ja, ich mache dich stark …
(Jesaja 41,10)

Fürchte dich nicht, denn ich habe dich ausgelöst,
ich habe dich beim Namen gerufen, du gehörst mir.
(Jesaja 43,1)

Mein Kind, du bist immer bei mir, und alles, was mein ist, ist auch dein.
(Lukasevangelium 15,31)

Ich weiß wohl, welche Gedanken ich über euch habe:
Gedanken des Heils und nicht des Unheils, spricht der Herr.
(Jeremia 29,11)

Kommt zu mir alle, die ihr mühselig und beladen seid. Ich will euch erquicken.
(Matthäusevangelium 11,28)

Der Herr ist mein Hirte, mir wird nichts mangeln.
Er weidet mich auf einer grünen Aue und führt mich zu frischem Wasser!
(Psalm 23,1)

Wir wissen aber, dass denen, die Gott lieben, alle Dinge zum Besten dienen.
(Römerbrief 8,28)

Du, Herr, lässt meine Leuchte erstrahlen, mein Gott macht meine Finsternis hell.
(Psalm 18,29)

Seht, wie groß die Liebe ist, die der Vater uns geschenkt hat:
Wir heißen Kinder Gottes, und wir sind es.
(Erster Johannesbrief 3,1)

Da sagte Jesus zu ihr: Auch ich verurteile dich nicht.
Geh und sündige von jetzt an nicht mehr!
(Johannesevangelium 8,11)

116 ▶ **Inhalte zu den Stationen**
Station 1: Spiegel – Mir in die Augen sehen

Mir in die Augen sehen
Schau kurz in den Spiegel.

Im Spiegelbild entdeckst du die Momentaufnahme deines Aussehens:
„Spieglein, Spieglein, an der Wand, wer ist die/der Schönste im ganzen Land?"

Nicht selten möchte ich anders oder gar ein Anderer oder eine Andere sein.
Ich kann vorgeben, etwas zu sein, eine bestimmte Rolle spielen und mich bemühen,
eine gute Figur zu machen. Ich kann anderen und auch mir selbst etwas vormachen.
In Wirklichkeit bleibe ich, wer ich bin.

Schau noch einmal – länger – in den Spiegel.
Am besten gehst du ganz nah an den Spiegel heran, so dass du dir gut in die Augen
sehen kannst!

„Habe Mut, du selbst zu sein!"
Ich soll zu meinem Eigenen finden, zu dem, was Gott in mich hineingelegt hat.
Werde zu dem Menschen, der du vor Gott sein sollst!
Wenn ich mich selbst annehme und mich bemühe, das Gute, das Gott in mich hineinge-
legt hat, zu entfalten, kann ich im Einklang mit Gott und mit mir selbst leben.

Wie reagiere ich vor dem Spiegel?
Fürchte ich mich, mein wahres Gesicht zu sehen?

Um in den Spiegel zu schauen, brauche ich Mut und Demut.
Mut, mich der Wirklichkeit zu stellen,
Demut, auch meine Grenzen zu sehen und mich in meinen Grenzen anzunehmen.

„Habe Mut, du selbst zu sein!"
Ein Wort des heiligen Bernhard von Clairvaux, eines großen Ordensmannes des Mit-
telalters, führt diesen Gedanken fort. Er sagt: „Gönne dich dir selbst!" Wer sich etwas
gönnt, tut etwas Gutes für sich.

„Habe Mut, du selbst zu sein.
Du selbst bist wertvoller als jede Rolle, die du ausfüllen musst.
Deshalb gönne dich dir selbst. Du bist ein Mensch.

Gönne dich dir als Mensch. Gönne es dir, dass du voll und echt Mensch bist.
Gönne dich dir in deiner Menschlichkeit."

Möchtest du noch einmal intensiv in den Spiegel – in deine Augen – sehen?

Station 2: Fürbittbuch
Beim Beten kommt es nicht auf „tolle Worte" an. Beten kann oft auch nur ein „Stammeln" sein. Mehr noch als Reden ist Beten wohl Hören, wie es der schwedische Philosoph Sören Kierkegaard beschrieben hat:

„Als mein Gebet immer andächtiger und innerlicher wurde,
da hatte ich immer weniger und weniger zu sagen.
Zuletzt wurde ich ganz still.
Ich wurde, was womöglich noch ein größerer Gegensatz zum Reden ist,
ich wurde ein Hörer.
Ich meinte erst, Beten sei Reden.
Ich lernte aber,
dass Beten nicht bloß Schweigen ist,
sondern Hören.
So ist es:
Beten heißt nicht, sich selbst reden hören.
Beten heißt:
Still werden und still sein und warten,
bis der Betende Gott hört."

Sören Kierkegaard

Station 3: Klagemauer – Was mich bedrückt
Es steht eine Klagemauer … in Jerusalem, … in Liebfrauen

Warum steht hier eine Mauer?
Jerusalem: Es ist die Mauer des zweiten Tempels, die bei der Zerstörung übrig geblieben ist.
Liebfrauen: Menschen aus der Gemeinde haben diese Klagemauer aufgestellt.

Was mache ich damit?
Jerusalem: Es ist eine alte jüdische Tradition, Gebetsanliegen auf Zettel zu schreiben und in die Ritzen der Klagemauer zu stecken.
Liebfrauen: In die Löcher der Steine kann auch ich meine Gebete hineinlegen.

118 *An wen sind die Zettel gerichtet?*
Jerusalem: Es soll die direkte Verbindung zu Gott ermöglichen.
Liebfrauen: Auch in unserer Gemeinde soll dies eine Möglichkeit sein, zu Gott Kontakt aufzunehmen.

Gott lädt mich ein ...
... einfach da zu sein
... still zu werden
... zu hören, was Gott mir in dieser Stille sagen möchte
... zu beten – mit Gott zu sprechen
... zu bitten
... zu danken
... mit einem liebevollen Blick auf den Tag zu schauen:
    Was habe ich erlebt? Was hat mich bewegt, dass es ein „Fingerzeig Gottes" sein könnte?
    Wo habe ich Gottes Geist gespürt?
    Wo habe ich erfahren, dass ich auf der richtigen Spur bin?
... den Tag zurückzulegen in Gottes Hände.

Station 4: Die Zehn Gebote

Die Zehn Gebote – Lebensangebote Gottes (Ex 20,2–17)
1. Ich bin der Herr, dein Gott. Du sollst keine anderen Götter neben mir haben.
Du wirst frei sein, wenn du nichts Gott gleichsetzt. Er ist der alles entscheidende Bezugspunkt deines Lebens. Wenn du dich von Gott getragen weißt, dann bist du ein freier Mensch.

2. Du sollst dir kein falsches Gottesbild machen.
Du wirst frei sein, wenn du dich nicht an eine feste Vorstellung bindest.
Gott ist mehr als alles, was Menschen über ihn erzählen können. Du wirst frei sein, wenn du auf seine Liebe vertraust.
Du sollst den Namen des Herrn, deines Gottes, nicht missbrauchen.
Du wirst frei sein, wenn du dem Namen Gottes vertraust:
Ich bin der Ich-bin-da. (= Bedeutung des Namens „Jahwe").
Du wirst in Angst und Enge Weite, in der Unterdrückung seine Freiheit und in der Not seine Liebe erfahren.

3. Gedenke des Sabbats: Halte ihn heilig!
Du wirst frei sein, wenn du akzeptieren kannst, dass deine Arbeit, deine Leistungen und Erfolge nicht alles im Leben sind.

4. Ehre deinen Vater und deine Mutter, damit du lange lebst in dem Land,
   das der Herr, dein Gott, dir gibt.

119

Du wirst frei sein, wenn du für die Dienste deiner Eltern danken kannst, wenn du dich annehmen kannst mit deiner Vergangenheit und deinen Prägungen.

5. Du sollst nicht töten.

Du wirst frei sein, wenn du auch das Leben anderer als Geschenk annimmst. Sieh im Anderen nicht den Konkurrenten, der besiegt werden muss, sondern lass dich von seinem Reichtum beschenken.

6. Du sollst nicht die Ehe brechen.

Du wirst frei sein, wenn du einen Menschen um seiner selbst willen lieben kannst. Nutze keinen Menschen als Mittel für deine eigenen Ziele aus!
Nicht Vereinnahmung, sondern Respekt ist die Grundlage der Liebe.

7. Du sollst nicht stehlen.

Du wirst frei sein und den Besitz Anderer neidlos gelten lassen können, wenn du dankbar deine eigenen Fähigkeiten und Begabungen annimmst.

8. Du sollst nicht falsch gegen deinen Nächsten aussagen.

Du wirst frei sein, wenn du wahrhaftig bist. Lügen zerstört Vertrauen, die Lebenslüge verhindert dein eigenes Glück.

9. Du sollst nicht begehren deines Nächsten Hab und Gut.
10. Du sollst nicht nach der Frau deines Nächsten verlangen, nach seinem Sklaven oder
   seiner Sklavin, seinem Rind oder seinem Esel oder nach irgendetwas, das deinem
   Nächsten gehört.

Du wirst frei sein, wenn du Beziehungen und Bindungen Anderer akzeptieren kannst und nicht versuchst, dich aufzudrängen.
Du wirst frei sein, wenn du tief in dir zufrieden bist ohne Fixierungen und äußere Zwänge dankbar für das, was du hast.

Welches Gebot, welcher Satz spricht mich an?
Welche Perspektive zeigt mir der Text?
Was sagt Gott mir zu?
Was belastet mich?
Was möchte ich aufschreiben – aussprechen?

120   **Station 5: Wer bin ich?**

Das Bild „Der Mund kann lachen" von Sieger Köder liegt bereit.

Wer bin ich?

Der Harlekin ist wie kein anderer ein suchender, fragender Mensch, geprägt von der Erkenntnis: „Zwei Seelen wohnen, ach, in meiner Brust."

„Wer bin ich?", fragt auch Dietrich Bonhoeffer im Gefängnis. „Bin ich der oder bin ich jener?"

„Der Mund kann lachen, wenn das Herz auch traurig ist", lautet der Titel dieses Bildes, ein Weisheitsspruch der Bibel (Spr 14).

Wir leben sehr oft mit einer Maske, weil wir uns schützen müssen vor der Macht und der Neugier anderer.

Und manchmal tragen wir Masken, um einfach besser zu scheinen, als wir sind.

Wer also bin ich wirklich?

Was bekommen die Leute mehr zu Gesicht:

mein strahlendes, buntfarbiges Aussehen?

Oder auch dunkle Seiten meiner Seele, die mich wie ein Schatten verfolgen, die Schattenseiten meines Lebens?

Dieser Harlekin im Bild ist ein biblischer Harlekin, ein Schriftgelehrter-Harlekin. Er sitzt auf einem Berg von Büchern, weiß scheinbar sehr viel, auch von Gott, bis er demütig einsehen muss, dass er im Grunde fast nichts von ihm weiß.

Denn ein begriffener Gott ist kein Gott. Doch Gott ist mehr als ein Begriff. Die entblätterte Rose in der Hand des sehr nachdenklichen Harlekins erinnert an ein früher bekanntes Kinder-Frage-Spiel: „Liebst du mich? Liebst du mich nicht?" – Wer von uns möchte nicht geliebt und beliebt sein?

Dem Harlekin mit seiner Maske wird immer mehr zur Gewissheit: Ich bin ja zutiefst geliebt von ihm, meinem Gott. Darum – wer ich auch bin: Du kennst mich, mein Gott. Bei dir ist mein Leben aufgehoben für immer und ewig.

Egal, welche Maske ich gerade trage.
Gott, du kennst mich.
Du nimmst mich an, so wie ich bin.

Gott der Liebe,
du kennst uns und durchschaust uns
bis auf den Grund unserer Seele.
Vor dir, unserem Gott,
müssen wir uns nicht verstecken.
Bei dir dürfen wir erscheinen,

so wie wir nun einmal sind.

Denn bei dir zählt nicht nur Wahrheit,

sondern mehr noch die Liebe.

Danke, Gott, für deine Großzügigkeit.

Danke, dass du uns liebst

mit und ohne unsere Masken.

Und wenn einmal alle Masken fallen,

dann nimm uns in Liebe auf

in deine ewige Herrlichkeit. Amen."

Text „Wer bin ich?": Theo Schmidkonz SJ, Bild: Sieger Köder, Der Mund kann lachen, wenn das Herz auch traurig ist
© Rottenburger Kunstverlag VER SACRUM, 72108 Rottenburg

Station 6: Eine Geschichte auf dem Weg

Eine Geschichte auf dem Weg

Ein Philosophieprofessor hatte für seine Vorlesung einige Dinge vor sich auf seinem Pult zusammengestellt. Als die Vorlesung begann, nahm er ein Einmachglas. Wortlos füllte er **große Steine** hinein bis hoch zum Rand.

Anschließend fragte er die Studenten, ob das Glas nun voll sei. Sie antworteten: „Ja, es ist voll."

Dann nahm der Professor eine Dose mit **kleinen Kieselsteinen** und ließ sie in das Glas gleiten, schüttelte etwas und ließ weitere Kiesel in das Glas rollen. Die Studenten fingen an zu lachen. Als keine weiteren Kiesel mehr in das Glas passten, fragte der Professor seine Studenten erneut: „Ist das Glas jetzt voll?" Und wieder waren alle der Meinung, das Glas sei voll.

Daraufhin nahm er eine Schale mit **Sand** und ließ ihn auch noch in das Glas fließen, wobei er es ab und zu etwas schüttelte. Und natürlich ging der Sand auch noch hinein und verteilte sich in die restlichen Lücken zwischen den Kieseln und den Steinen.

„Und nun", sagte der Professor, „möchte ich, dass Sie erkennen: Dieses Glas ist wie Ihr Leben. Sie entscheiden, was Sie hineinpacken. Sie überprüfen diese Entscheidung und in gewisser Weise treffen Sie sie jeden Morgen neu: Was packe ich heute in mein Leben? Was? – und ganz wichtig: in welcher Reihenfolge!

Die **großen Steine** – das sind die wichtigsten Dinge in Ihrem Leben: Ihre Familie, Ihre Freunde, Ihre Gesundheit, Ihr Glaube. Alles, was Ihnen wichtig ist, die Dinge, die auch allein noch Ihr Leben erfüllen würden. Oder umgekehrt: Wenn Ihnen diese Dinge verloren gingen, wäre Ihr Leben zerstört.

Die **kleinen Kiesel** sind die nicht ganz so wichtigen Dinge in Ihrem Leben: Beruf, Haus und Wohnung, Besitz, Auto ... Nicht ganz so wichtig, weil der Verlust dieser Dinge ihnen zwar weh tut, Sie aber nicht zerstören würde.

122 Der **Sand** schließlich steht für all die anderen Dinge in ihrem Leben, für die vielen kleinen Dinge, die Sie mehr oder weniger freiwillig tun. Hobbys, auch solche, die unter der
Hand zu Pflichten geworden sind. Sachen, die sie einmal gekauft haben und um die Sie
sich jetzt kümmern müssen.

Steine, Kiesel, Sand.

Wenn Sie den Sand zuerst in Ihr Glas einfüllen, bleibt kein Raum mehr für die Kiesel,
und schon gar nicht für die Steine.

So ist es auch in Ihrem Leben: Wenn Sie all Ihre Energie für die kleinen Dinge aufge-
braucht haben, ist keine Kraft mehr da für die großen und wichtigen Dinge. Wenn Sie
Ihre ganze Zeit mit Kleinkram ausgefüllt haben, haben Sie keine Zeit mehr für das, wo-
rauf es wirklich ankommt.

Achten Sie auf Dinge, die wirklich wichtig sind!

Aus: Nossrat Peseschkian, Es ist leicht, das Leben schwer zu nehmen. Aber schwer, es leicht zu nehmen
© Verlag Herder GmbH, Freiburg i. Breisgau, 6. Auflage 2006. S. 156f

Setz dich einen Augenblick hierher – zu den Dingen des Alltags!
Wofür brauchst du sie?
Füllen sie deine freie Zeit – oder schlagen sie deine Zeit tot?

Und jetzt rücke ein wenig weiter:
Magst du dich auf einen Versuch einlassen?
Ein Stuhl und eine brennende Kerze – nicht mehr.
Wenn du dich hierher setzt, das Licht ansiehst, fünf lange Minuten, spürst du vielleicht
die Zeit als Lange-Weile ...
Aber du spürst sie, die Zeit.
Du lebst.
In diesen Minuten kann viel geschehen in dir ...

Ordne die Dinge deines Alltags:

Große Steine	
Kieselsteine	
Sand	

Station 7: Schweigen – Verzichten auf die vielen Worte

Schweigen – Verzichten auf die vielen Worte

Wenn wir auf die vielen Worte verzichten, die täglich auf uns einströmen, und uns in den Raum des Schweigens zurückziehen, so werden wir erst einmal uns selbst begegnen. Und diese Selbstbegegnung ist nicht immer angenehm.

Da taucht alles in uns auf, was wir verdrängt haben.
Da kommt unterdrückter Ärger hoch, da kommen wir in Berührung mit der Enttäuschung über uns.
Da werden wir verunsichert, ob unser Leben so stimmt.
Schuldgefühle steigen auf.

Schweigen ist der Mut, standzuhalten, nicht zu flüchten.
Dieses Standhalten gelingt nur, wenn ich mich mit allem, was in mir aufsteigt, annehme, wenn ich Ja sage zu mir, so wie ich bin.

Und Schweigen heißt: frei werden von dem inneren Lärm meiner Gedanken, frei werden von den Emotionen, die mich besetzen, frei werden von den Leidenschaften, die mich im Griff haben.

Das Schweigen ist ein wichtiger spiritueller Weg.
Wenn ich auch im Gebet vor Gott die Worte weglasse, dann gebe ich Gott die Möglichkeit, zu mir zu sprechen und mir zu begegnen.
Und im Schweigen werde ich offen, mit dem unaussprechlichen Gott eins zu werden.
Ich lasse Gott ganz an mich heran. Ich lasse ihn in mein stilles Herz eindringen.
In uns ist schon ein Raum der Stille.
Dort sind wir heil und frei.
In diesen Raum des Schweigens zu gelangen, in dem das Geheimnis Gottes in uns wohnt, ist das Ziel des Schweigens.

Station 8: Bibelbrunnen

Impulsfragen zu den Versöhnungsgeschichten

Versöhnungsgeschichte „Das Gleichnis vom unbarmherzigen Gläubiger" (Mt 18,23–35)

- Wie gehe ich mit meinem Nächsten – Ehepartner, Kinder, Arbeitskollegen, Freunde, Nachbarn … – um?
- Habe ich Mitleid mit anderen?
- Sehe ich das Gute, das mir getan wird?

124   Versöhnungsgeschichte „Von der Pflicht zur Vergebung" (Mt 18,21–22)
- Fällt es mir schwer, zu vergeben?
- Habe ich in meinem Leben schon einmal „Vergebung" erfahren?

Versöhnungsgeschichte „Das Gleichnis vom verlorenen Schaf" (Mt 18,12–14)
- Habe ich schon einmal gespürt, dass ich „einmalig" bin?
- Hat mir vielleicht schon mal jemand gesagt: „Du bist etwas ganz Besonderes"?
- Habe ich schon einmal jemandem gesagt: „Du bist einmalig auf dieser Welt"?

Versöhnungsgeschichte „Jesus im Haus des Zöllners Zachäus" (Lk 19,1–10)
- Was macht mich „klein"?
- Versuche ich auch manchmal, groß und gut dazustehen?
- Lebe ich auf Kosten anderer?
- Habe ich schon einmal die Sehnsucht gespürt, Jesus zu begegnen?

Versöhnungsgeschichte „Jesus und die Ehebrecherin" (Joh 7,53–8,11)
- Gibt es Ängste oder Zwänge, die mich einengen in meinem Leben?
- Wie versuche ich, aus diesen Ängsten herauszukommen?
- Wie gehe mit den Urteilen anderer über mich um?
- Wie urteile ich?

Elternkatechese: Eucharistie

Vorbereitung

Die TN wurden im Vorfeld gebeten, einen Gegenstand mitzubringen, der für sie wertvoll ist und der sie an eine besondere Begebenheit oder an eine besondere Person erinnert.

*   gelbes rundes Tuch, Reifen, Bänder, Kerze
*   ein Laib Brot
*   Hostienschale mit einer großen Hostie, Kelch
*   Lied: *Dieses kleine Stück Brot* (s. Anhang, S. 151)

▶ **„Ich sehe was, was ihr nicht seht"**

L: „Wir alle kennen das Spiel ‚Ich sehe was, was du nicht siehst'. Das wollen wir jetzt hier erleben. Sie waren eingeladen, einen Gegenstand mitzubringen, der für sie sehr wertvoll ist und Sie an eine besondere Begebenheit oder an einen Menschen erinnert."
In der Mitte liegt das gelbe runde Tuch, darauf wird der Reifen gelegt. An den Reifen ist für jeden Teilnehmer ein Band gewickelt, außerdem noch ein zusätzliches Band. Die Bänder zeigen wie Strahlen nach außen, so dass das Bild wie eine Sonne erscheint. In die Mitte des Reifens wird die Gruppenkerze gestellt und angezündet.

L beginnt, indem er/sie ihren mitgebrachten Gegenstand (z. B. einen Ring) in eines der entstandenen Felder legt und sagt: „Ich sehe was, was Sie nicht sehen, und das ist ein Ring. Den Ring können Sie alle sehen, aber warum der Ring für mich so wichtig und wertvoll ist, das können Sie nicht sehen. Dieser Ring ist für mich wichtig, weil er mich an meine Mutter erinnert. Wenn ich diesen Ring sehe oder fühle, dann erinnere ich mich an meine Mutter, die immer für mich da war. Weil mir der Ring so wichtig ist, zünde ich ein Licht an."

Das brennende Teelicht wird zum Ring gestellt.

Der Reihe nach stellen die Erwachsenen ihre mitgebrachten Gegenstände vor, erzählen dazu ihre Geschichte und zünden ein Teelicht an.

Zum Schluss legt L einen Laib Brot in das letzte Feld. Dazu liest L die Geschichte „Brot, das anders schmeckt" vor.

▶ **Geschichte: „Brot, das anders schmeckt"**

Die Geschichte (s. S. 94) wird vorgelesen. Danach deutet L die Geschichte:

126 „Viele Dinge haben *zwei* Wirklichkeiten: Eine Wirklichkeit, die wir alle sehen können. Dahinter verbirgt sich aber oft noch eine andere Wirklichkeit, die ich nur sehen und verstehen kann, wenn ich dazu die Geschichte kenne."

L stellt eine Hostienschale mit der großen Hostie und den Kelch in den Mittelkreis zu der Kerze und überträgt die zwei Wirklichkeiten auf die Eucharistie: „So ist es auch mit dem Brot und dem Wein in der Heiligen Messe. Auf den ersten Blick ist es normales Brot und normaler Wein. Weil wir aber die Geschichte kennen, die dahinter steckt, wird es für uns im Gottesdienst zu heiligem Brot und zu heiligem Wein. Welche Geschichte ist das? – Jesus gibt sein Leben. Er sagt beim letzten Mahl mit seinen Freunden: ‚Das ist mein Leib.' ‚Das ist mein Blut.' ‚Für euch.' ‚Tut dies zu meinem Gedächtnis.' – ‚Das bin ich. Erinnert euch daran.'

Jede Eucharistiefeier ist *Erinnerung und Vergegenwärtigung*. Jesus will mir ganz persönlich begegnen – in Brot und Wein – in Leib und Blut."

Der hl. Augustinus sagt: ‚Empfangt, was ihr seid – Leib Christi. Seid, was ihr empfangt – Leib Christi.'

Durch die Taufe sind wir schon sein Leib – ist er uns ganz nahe: Empfangt, was ihr seid – Leib Christi. Jesus möchte in uns mit seiner Liebe lebendig werden – wir sollen danach leben – wir sollen Leib Christi sein: Seid, was ihr empfangt – Leib Christi."

▶ **Einzelbesinnung und Fragen**

Es folgt eine Einzelbesinnung mit folgenden Fragen:
- Welchen Zugang habe ich zur Eucharistie?
- Wo ist mir Christus besonders in meinem Leben nahe gekommen?
- Das Wort „Eucharistie" leitet sich ab vom griechischen Wort „eucharistia" und bedeutet „Danksagung", „Lobpreis". Wofür bin ich dankbar?

Dazu sucht sich jeder einen für ihn passenden Platz in der Kirche.
Im Plenum haben die TN anschließend die Gelegenheit, ihre Gedanken und Fragen mitzuteilen.

▶ **Abschluss**
Lied: *„Dieses kleine Stück Brot"*

Gottesdienste am Sonntag

„Dennoch ist die Liturgie der Höhepunkt, dem das Tun der Kirche zustrebt, und zugleich die Quelle, aus der all ihre Kraft strömt."[1]

Das, was das II. Vatikanische Konzil über die Liturgie schreibt, ist den meisten Erstkommunion-Familien heute fremd. Sie haben keinen Zugang zur sonntäglichen Liturgie. Und so, wie wir die sonntägliche Liturgie in den meisten Fällen feiern, können diese Menschen auch keinen Zugang dazu bekommen.

Wir haben uns gefragt: Wie können wir dennoch mit unseren Erstkommunion-Familien am Sonntag Gottesdienst feiern?

Bei den Weggottesdiensten in den Vorbereitungstreffen spüren wir ganz stark, dass die Familien sich angesprochen fühlen. Sie sind mitten im Geschehen und lassen sich ganz auf das Einüben von liturgischen Handlungen und die Vertiefung liturgischer Grundelemente ein. Die Weggottesdienste leben von der Wiederholung und von einfachen Worten.

Die Gottesdienste, die wir an den Sonntagen feiern, sollten deshalb „ansprechend" sein. Wenn die Menschen sich angesprochen fühlen, sind sie dabei. Außerdem gestalten wir diese Gottesdienste u. a. mit den Liedern, die die Familien aus den Vorbereitungstreffen kennen.

Diesen Gottesdiensten sollte der Priester vorstehen, der die Erstkommunionvorbereitung begleitet und der dem Erstkommuniongottesdienst vorsteht.

Die Gottesdienste am Sonntag sind eine wichtige Säule der Erstkommunionvorbereitung. Die Verantwortlichen sollten dies klar benennen und die Teilnahme daran von den Familien einfordern.

---

[1]   Sacrosanctum concilium: 1. Kapitel / I.: Das Wesen der heiligen Liturgie und ihre Bedeutung für das Leben der Kirche

Taufgottesdienst eines Kommunionkindes und Tauferneuerung

Das Taufversprechen, das die Eltern in der Taufe gegeben haben, wird bei der Erstkommunionfeier von den Kindern erneuert. Jetzt sind die Kinder in einem Alter, in dem sie selber auf die Fragen – z. B. nach dem Glauben – antworten können.

Die Tauferneuerung der Kommunionkinder haben wir vor einigen Jahren aus dem Erstkommuniongottesdienst herausgenommen, da wir in den letzten Jahren vermehrt

128 Kinder in der Vorbereitung hatten, die noch nicht getauft waren. Deshalb wird in der Osterzeit – ein paar Wochen vor der Erstkommunion – mit allen Kindern und deren Familien die Taufe eines Kommunionkindes und die Tauferneuerung aller Kommunionkinder gefeiert.

Tipp: Die Tauferneuerung der Kommunionkinder sollte bewusst als Tauferneuerung der Gemeinde verstanden und gefeiert werden. Sie sollte deshalb in einem Gemeindegottesdienst stattfinden.

▶ **Vor dem Gottesdienst**
Die Taufgemeinde (Kommunionkinder, Eltern und Tauffamilie) versammelt sich vor der Kirche.

▶ **Begrüßung**

▶ **Am Weihwasserbecken**
Am Eingang der Kirche befinden sich die Weihwasserbecken. Jedesmal wenn wir unseren Finger dort eintauchen und uns bekreuzigen, erinnern wir uns an unsere Taufe.
Alle sind eingeladen, ihre Hand in die Schale mit Weihwasser einzutauchen und sich mit dem Kreuzzeichen zu bezeichnen: + Im Namen des Vaters + und des Sohnes + und des Heiligen Geistes. Amen
    Es wird das Lied gesungen: *„Ich will dir danken, weil du meinen Namen kennst, Gott meines Lebens"* (nach der Melodie: Schweige und höre, s. Anhang, S. 157); dazu Prozession nach vorne, wo die Kinder in einem Innenkreis sitzen, zusammen mit ihren Eltern und der Tauffamilie.

▶ **Gespräch mit Eltern und Paten**
Priester: Welchen Namen haben Sie Ihrem Kind gegeben? – Eltern: ... (Name)
Priester: Was erbitten Sie von der Kirche Gottes für ... (Name)? – Eltern: Die Taufe
Priester: Liebe Eltern, ... Sind Sie sich dieser Aufgabe bewusst? – Eltern: Ja.
Priester: Liebe Paten, ... Sind Sie dazu bereit? – Paten: Ja.

▶ **Schriftlesung**
Mk 10,13–16 (Die Segnung der Kinder), gelesen von einem Elternteil

▶ **Kurze Auslegung**

▶ **Bezeichnung mit dem Kreuz**

► **Fürbitten** 129

► **Salbung mit Katechumenenöl**

► **Lied**
„Ich trage einen Namen" (s. Hinweis im Anhang, S. 162)

► **Taufwasserweihe**
(nur darauf hinweisen)

► **Absage an das Böse und Glaubensbekenntnis**
der Tauffamilie und Kommunionkinder
Priester: Widersagen Sie dem Bösen ... – Alle: Ich widersage.
Priester: Widersagen Sie den Verlockungen ... – Alle: Ich widersage.
Priester: Widersagen Sie dem Satan ... – Alle: Ich widersage.
Priester: Glauben Sie an Gott ... – Alle: Ich glaube.
Priester: Glauben Sie an Jesus Christus ... – Alle: Ich glaube.
Priester: Glauben Sie an den Heiligen Geist ... – Alle: Ich glaube.

Alle: Ich glaube an Gott, den Vater, den Allmächtigen, den Schöpfer des Himmels und
der Erde ...

► **Taufe des Taufkindes**

► **Salbung mit Chrisam**

► **Überreichung des Taufkleides**
Symbolisch wird dem neugetauften Kind ein weißer Schal überreicht.

► **Übergabe der Taufkerze**
Der Pate entzündet die Taufkerze an der Osterkerze. Alle Kommunionkinder entzünden
in Erinnerung an ihre eigene Taufe eine kleine Osterkerze.

► **Vaterunser und Segen**

► **Lied**
„Groß sein lässt meine Seele den Herrn" (s. Anhang, S. 153)

PROJEKT 010

ANGEBOTE FÜR KINDER IM ALTER
VON 0 bis 10 JAHREN UND IHRE ELTERN

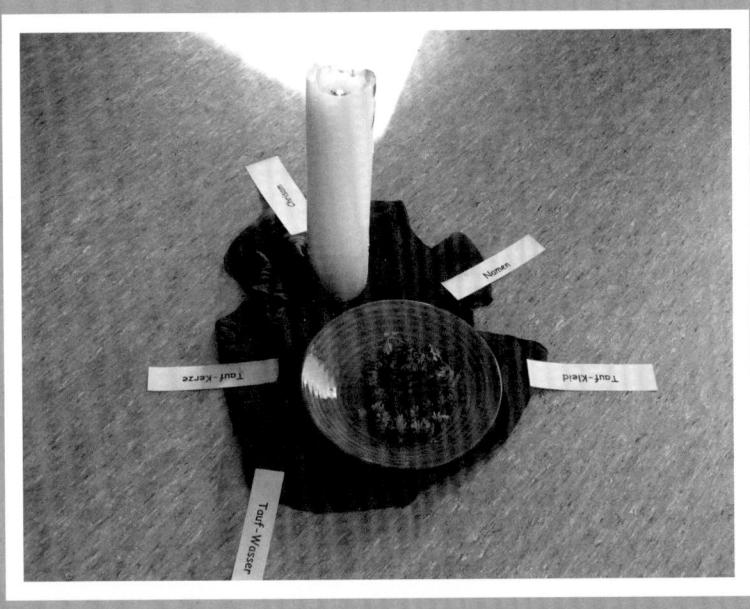

Das Bistum Hildesheim ist seit vielen Jahren dabei, Stellen abzubauen. Auch unsere Pfarrgemeinde Liebfrauen war davon betroffen. Von unseren zwei Planstellen für Gemeindereferenten sollte eine gestrichen werden.

Deshalb stellte sich folgende Frage: Wie können wir mit immer weniger Arbeitszeit die Erstkommunionvorbereitung in ihrer bestehenden Form fortführen?

Aus diesen eher strukturellen Überlegungen wurden in unserem Pastoralteam schnell inhaltliche Überlegungen. Folgende Punkte waren uns dabei wichtig:

- Glauben kann man nicht in kurzer Zeit lernen! Wenn das so ist – wie kann dann so ein Glaubensweg „Christ werden – ein Weg" aussehen?
- Wie können wir die Eltern stärker einbinden?
- Wir möchten Glauben erfahrbarer und erlebbarer machen.
- Wie können wir vom Lernen (Unterricht) zu mehr Erfahrungen kommen: vom katechetischen Weg zum katechumenalen Weg?
- Wie kann ein Hineinwachsen in die Kirche aussehen?
- Was sagt mir die biblische Botschaft?
- Was hat das mit mir zu tun?

All das waren Gedanken und Fragen, die uns auf den Weg zu einer „mystagogischen Sakramentenpastoral" gebracht haben, einen Weg, der tiefer in das Geheimnis unseres Glaubens führen möchte.

Im Blick auf unsere konkrete Situation haben wir uns gefragt: Wenn wir Glauben als einen Weg – einen Prozess – sehen: Was gibt es dafür im und für das Alter von 0 bis 10 Jahren in unserer Pfarrei?

PROJEKT 010 – Angebote für Kinder im Alter von 0 bis 10 Jahren und ihre Eltern

	Angebote für Kinder von 0 bis 10 Jahren		Angebote für die Eltern	Weitere familien-orientierte Angebote
Geburt	**Eltern-Kind-Gruppen**			
3 Jahre	**Kindergarten**	Aktionen rund um das Kirchenjahr	einmal jährlich Elternabend in Kitas	> Kinderkirche > Krippenspiel
6 Jahre	**Grundschule**			> Sternsinger
	1. Klasse	Tauferinnerung	einmal jährlich Elternabend in der Schule	> Bibel-Entdecker-Tag
	2. Klasse	Vaterunser-Tag		> Adventsnachmittag
	3. Klasse	Erstkommunion-vorbereitung	Elternbegleitung parallel zur Erstkom-munionvorbereitung	> Kinderkreuzweg > Messdiener > Übernachtungs-wochenende
	4. Klasse	Segnungs- und Sendungsgottes-dienst		> Ferienfreizeit
10 Jahre				

Katholischer runder Tisch =
Leiter/innen bzw. Vertreter/innen der Eltern-Kind-Gruppen, 3 Kitas, 3 Grundschulen; Treffen zweimal jährlich mit den Hauptberuflichen

Zum Projekt gehören freiwillige Angebote für die Erst-, Zweit- und Viertklässler. Wir haben uns für freiwillige Angebote entschieden, da die Kinder und Eltern, die daran teilnehmen, viel motivierter und interessierter sind. Folgende familienorientierte Angebote sind Grundpfeiler des Projekts:

*   Für die *Erstklässler* gibt es im Herbst jeden Jahres einen Samstag zum Thema „Taufe".
*   Die *Zweitklässler* sind im Frühjahr zu einem Samstag zum Thema „Vaterunser" eingeladen.
*   Die *Drittklässler* werden auf die Erstkommunion vorbereitet.
*   Für die *Viertklässler* gibt es am Ende des Schuljahres einen Gottesdienst mit dem Inhalt „Dank-Segnung-Sendung".

Weitere familienorientierte Angebote im Leben der Pfarrgemeinde sind in das Projekt integriert (siehe rechte Spalte der Übersicht S. 132).

Um die Eltern über dieses familienorientierte Projekt 010 zu informieren, gibt es seit einigen Jahren einen Flyer, der alle katholischen Einrichtungen innerhalb unseres Pfarreigebiets beschreibt und vorstellt und den wir jedes Jahr, mit einem Terminkärtchen versehen, an diese Einrichtungen geben.

Die Angebote für die Eltern gestalteten sich übrigens anfangs sehr schwierig. Begonnen haben wir mit einem Angebot für die Eltern der Erst- und Zweitklässler. Dieser Abend sollte in einem unserer Gemeindehäuser stattfinden. Von über 200 angeschriebenen Eltern kam nur eine Person. Das war also nicht der richtige Weg. Aber wie sollten wir an die Eltern herankommen? Das nächste Angebot für diese Eltern planten wir nicht mehr im Gemeindehaus, sondern in der (katholischen) Grundschule. Eine Hand voll Eltern ist gekommen. Auch ein Angebot für die Eltern der Kinder in den Spielkreisen und Kindergärten, das in einem unserer Kindergärten stattfand, wurde lediglich von drei Eltern – angeschrieben waren über 200 – besucht. Bei der Reflexion über diese Abende wurde deutlich, dass die Eltern dieser Kinder ihre Pfarrgemeinde und die Hauptberuflichen der Pfarrgemeinde nicht kennen. Die Eltern kennen die Erzieherinnen und Lehrerinnen. Die Hauptberuflichen lernen sie jedoch meistens erst in der Zeit der Erstkommunionvorbereitung kennen. Deshalb haben wir begonnen, die Spielkreise zu besuchen, um uns vorzustellen und ein bisschen von unserer Arbeit in der Pfarrei zu erzählen.

Diese Schilderung zeigt, dass gerade die Arbeit mit Eltern ein Ausprobieren bedeutet und sich immer wieder verändert. Ebenso geht aus diesen Schilderungen hervor, dass sich nicht alle unsere Vorstellungen erfolgreich umsetzen lassen.

Im Folgenden werden die besonderen Angebote für Erstklässler, Zweitklässler und Viertklässler im Detail beschrieben.

Projekt 010: Tauferinnerung für Erstklässler

Haben Sie heute schon geküsst? – Am Anfang steht die Taufe
Eltern sind für ihre Kinder die wichtigsten Menschen. Die Erfahrung von Liebe und Zuneigung und die starke Emotionalität in den ersten Lebensjahren sind grundlegend für das ganze weitere Leben des Kindes. Dazu gehört auch die wunderschöne Geste des Kusses – der Eltern zum Kind, aber auch des Kindes zu seinen Eltern. Das Urvertrauen kann nur so ein stabiles Wachstum erfahren.

Der Elterngesprächsabend

Im Rahmen des „Projektes 010" steht für die Grundschülerinnen und Grundschüler als Erstes die Einladung zur Tauferinnerung. Da Eltern immer die religiösen Ersterzieher sind – überwiegend sind es die Mütter – lade ich die Eltern vier Wochen vor dem Termin für die Erstklässler zu einem Gesprächsabend ein; ich vermeide die schulische Bezeichnung Elternabend. Wichtig ist mir an erster Stelle, wie Eltern auf das Thema Taufe vorbereitet werden. Hier in der Pfarrgemeinde besteht ein recht hoher Anteil an Mitchristen mit polnischem Hintergrund. Die Glaubenserfahrung ist sehr vielschichtig: von der traditionell konservativen Auffassung bis zu gleichgültig anti-religiösen Einstellung. Deswegen ist die Zeit zu Beginn des Abends wichtig, in der die Eltern ihre Erinnerungen von der Taufe ihres Kindes erzählen.

In der Mitte des Stuhlkreises gestalte ich mit blauen Tüchern einen Kreis, auf dem eine mit Wasser gefüllte Glasschale und die Jesuskerze stehen sowie Karten mit Begriffen zum Thema Taufe zu sehen sind. Diese Taufbegriffe stelle ich nach der Vorstellungsrunde im Einzelnen kurz vor. Die Erläuterung der Bedeutung der einzelnen Taufsymbole erfordert hier aufgrund der geringen Beteiligung am kirchlichen Gemeindeleben einen hohen Zeitaufwand. Einerseits hat wohl jeder Mensch ein natürliches Grundverständnis von Symbolsprache, andererseits ist dies nicht mehr unbedingt religiös geprägt.

Als nächsten Schritt stelle ich den Ablauf des Samstages mit den Kindern vor: ein Wechsel von Spiel, Singen, Beten und kreativem Tun. Bereits im Einladungsbrief bitte ich die Eltern, ihrem Kind zu dem Treffen Fotos und Gegenstände von der Taufe mitzugeben, die die Kinder selbst den anderen Kindern beschreiben. Wer die Geschichte seinem Kind erzählen mag, warum es gerade diesen Namen bei der Taufe erhalten hat, kommt dadurch zu Hause sicher mit seinem Kind und dem Thema Taufe gut in eine innere Bewegung.

Der Tauferinnerungs-Samstag

An einem Samstag im September treffe ich mich um 10 Uhr mit den Kindern der Eltern, die beim Elterngespräch waren, aber meistens werden zusätzlich fünf Kinder gebracht. Aus dem Kreis der Eltern bereitet eine Mutter das berühmte und beliebte Kindermittagessen „Nudeln mit Soße" vor, denn gemeinsam Mahl zu halten gehört auch bei einer Taufe dazu.

Bei der persönlichen Begrüßung der Kinder und Eltern an der Pfarrheimtür, frage ich gleich nach dem Namen des Kindes, das an Ort und Stelle sein Namensschild als Aufkleber von mir erhält. Die Mitte des Stuhlkreises ist ähnlich wie beim Elterngespräch gestaltet. Bei manchen der Eltern, die ihr Kind bringen, habe ich den Eindruck, dass sie selbst gern mit dabei wären. Hin und wieder wird nachgefragt – und da die Regel durch die Ausnahme bestätigt wird – bin ich gern mit der Teilnahme der Mütter (in zweiter Reihe) einverstanden. So wird sicher einiges intensiver verarbeitet und neu aufgenommen.

Kennenlernspiele, Kennenlernlieder stehen am Anfang. Die Kinder können so Kontakt zueinander knüpfen und kommen im Kreis gut an. Eine erste inhaltliche Einheit ist mein Erzählen bzw. der Dialog mit den Kindern zu den Symbolen „Wasser" und „Licht/Kerze". Dann singen wir die erste Strophe des Liedes *„Ich trage einen Namen"*. Es schließt sich eine erste Runde von zwei Kindern an, die ihre mitgebrachten Fotos und Gegenstände vorstellen. Wir singen die zweite Strophe – Singen ist bei Kindern eine sehr wichtige Vermittlungsebene – und ich stelle die Symbole „Namen" und „Kleid" vor. Dann gibt es eine Pause mit Saft und Keksen. Die Kinder haben schon eine gewisse Nähe zueinander entwickelt, spielen locker miteinander. Mit einem Spiel und einer weiteren Liedstrophe beginnt der zweite Teil, der die gleiche Struktur wie der erste Teil hat. Dann folgt das gemeinsame Mittagessen und eine längere Spielpause. Kleine Kinderfreundschaften haben sich schon eingestellt, die bei Tisch und dem Unbedingt-nebeneinandersitzen-Wollen deutlich werden.

Im dritten Teil wird immer ein Zeitpuffer miteingeplant. In dieser Zeit kann noch erzählt werden, denn Kinder in der ersten Klasse haben ein hohes Mitteilungsbedürfnis. Oder wir spielen und singen. Aus lufttrocknender Modelliermasse können nun die Kinder auf einer Bastelunterlage ein Zeichen der Taufe oder ein anderes Symbol des christlichen Glaubens gestalten. Zu meiner großen Überraschung entstehen Jahr für Jahr überwiegend Kreuze, die die Kinder am Ende des Treffens mit nach Hause nehmen.

Zum Abschluss gehen wir gemeinsam in die Kirche. Die Kinder unserer Pfarrgemeinde sind entweder in einem der vier Kirchorte oder in Polen bzw. in einer Nachbarpfarrei von einem polnischen Priester getauft. Jetzt geht es um den Kirchenraum im Allgemeinen als den Ort des Taufgeschehens. Bewusst lade ich die Eltern, die ja ihre Kinder wieder abholen, ein, für den Abschlussgottesdienst eine halbe Stunde eher zu kommen. Hin und wieder kommen sogar auch Taufpaten dazu, was eine große Besonderheit ist.

Wir versammeln uns am Eingang der Kirche. Bei der Taufe werden nicht nur die Kinder in die Gemeinschaft der Glaubenden in die Kirche aufgenommen, sondern der Anfang unseres Glaubens wird auch räumlich spürbar. Diesen Glauben haben wir eben auch unseren Eltern zu verdanken – eine Entscheidung, die in Zukunft immer kostbarer wird, sie ist keinesfalls selbstverständlich, sie braucht oft sogar Mut.

Jetzt, wo aus den Babys Kinder geworden sind, können die Kinder (und Eltern) selbst wahrnehmen, welche Entwicklungsschritte im Alltag und im Glauben inzwischen geschehen sind. Langsam und bedächtig gehen wir zusammen den Mittelgang nach vorn, stellen uns um den Altar auf; die Eltern sind eingeladen, sich hinter ihr Kind zu stellen, so wird ihnen den Rücken gestärkt. Nach der Begrüßung, dem gemeinsam gebeteten Kreuzzeichen und einem Gebet, das die Kinder Vers für Vers nachbeten, wird das Evangelium von der Taufe Jesu verkündet. Sinnenhaft kommt nun eine Salbung mit duftendem Öl an die Reihe: Als Erinnerung, dass wir in und durch die Taufe zu Königinnen und Königen, zu strahlenden und Freude ausstrahlenden Gotteskindern werden, salbe ich die Handinnen- oder -außenflächen oder die Stirn der Kinder – wie sie sich entscheiden. Als Zeichen der starken und stärkenden Glaubensgemeinschaft reichen wir uns die Hände zum Vaterunser. Ein Segenswunsch und das Lied *„Ich trage einen Namen"* schließen den Gottesdienst ab.

Ich habe die große Hoffnung, dass die Kinder und auch ihre Eltern den Kuss Gottes spüren und wahrnehmen könne, ein göttlicher Kuss, der unverbrüchlich sagt: „Ich habe dich auf ewig lieb!"

Ablauf des Tauferinnerungs-Samstages

Vorbereitung
- Osterkerze, Tuch, Gitarre, Liederheft
- Wasserkrug, Schale, Jerichorose
- Symbolkärtchen, liturgisches Öl
- Heiligenbuch bzw. Internetauszüge zu verschiedenen Namen
- Geschichte „Was ist Gott?"
- Verzierwachs, Kerzen, Messer, Pappunterlagen
- Scheren, Stifte, Kinderbibel
- für das Mittagessen: Saft, Wasser, Nudeln, Soße, Joghurt, Äpfel

▶ **Begrüßung, Lieder, Kennenlernspiele** 137

- Namensschilder
- Lieder zur Auswahl:
  Laudato si (in: Troubadour für Gott, Nr. 141)
  Halte zu mir guter Gott
  Du hast uns deine Welt geschenkt
  Gottes Liebe ist so wunderbar
  Gott, dein guter Segen
  Ich trage einen Namen
  Wir fangen an fröhlich zu sein
  Vergiss es nie (in: Troubadour für Gott, Nr. 777)
  Kindermutmachlied (in: Troubadour für Gott, Nr. 929)
- Kennenlernspiele zur Auswahl:
  Hallo, hallo, schön dass du da bist
  Tom sitzt in der Küche mit Tina
  Elefantenwäsche
  Pizza backen
  Zip Zap
  Zuzwinkern
  Mein rechter Platz ist frei

▶ **Symbole Wasser/Licht**
Einführung mit Wasserkrug, Schale und Jerichorose

▶ **Thema „Taufe" (Kleingruppen)**
- Die Kinder stellen ihre Taufgegenstände und -geschichten vor, zwischendurch werden Lieder gesungen.
- Symbolkärtchen werden gezeigt und erklärt.
- Wasser
- Chrisam (Salbe, wenn etwas weh tut), weißes Kleid
- Kerze: Die Taufkerze wird an der Osterkerze entzündet
- Wer tauft? Was ist eine Nottaufe?
- Kernsatz: Ich taufe dich: + Im Namen des Vaters + und des Sohnes + und des Heiligen Geistes (Kreuzzeichen)
- Namen und Paten: Kinder nach ihrem Namenspatron fragen.
- Tauferinnerungskerzen verzieren

▶ **Geschichte „Was ist Gott?**
Die Geschichte „Was ist Gott?" wird vorgelesen:

138   **Was ist Gott?**

Es war einmal ein kleiner Fisch, der schwamm zu seiner Mutter und fragte: „Mama, was ist dieses Wasser, von dem ich so viel höre?" Seine Mutter antwortete: „Du dummer kleiner Fisch, Wasser ist um dich herum und in dir und schenkt dir Leben." Und es war einmal ein kleiner Bär, der tapste zu seiner Mutter und fragte: „Mama, was ist diese Luft, von der ich so viel höre?" Seine Mutter antwortete: „Du dummer kleiner Bär, Luft ist um dich herum und in dir und schenkt dir Leben." Und es war einmal ein kleiner Junge, der kam zu seiner Mutter und fragte: „Mama, was ist dieser Gott, von dem ich so viel höre?"

Die Geschichte wird in den Kleingruppen besprochen.
Anschließend können die Kinder Papierblumen anmalen und ausschneiden.
Vor der Mittagspause: Bewegungsspiele.
Nach der Mittagspause geht es in die Kirche zur Taufgedächtnisfeier.

Weggottesdienst in der Kirche

▶   Begrüßung in der Kirche

Am Eingang der Kirche beim Weihwasserbecken: Erinnerung an die Taufe und die Aufnahme in die Kirche.

▶   Kreuzzeichen

Im Namen des Vaters …

▶   Lied

„Gottes Liebe ist so wunderbar"

▶   Prozession

Alle gehen in einer Prozession nach vorne, stellen sich in einem Halbkreis vor den Altar und um die Kerze. Die Kinder bekommen dazu ihre Tauferinnerungskerzen; Geschwister und Eltern bekommen eine kleine Kerze (sofern die Gruppe nicht zu groß ist).

▶   Biblische Zusage

Jesaja 43,1: „Ich habe dich bei deinem Namen gerufen. Du bist mein."
Die Kinder werden einzeln beim Namen gerufen; sie entzünden ihre Kerze an der Osterkerze und stellen sie vor die Jesuskerze (Osterkerze). Danach sagen die Geschwisterkinder und Eltern jeweils ihren Namen, zünden eine kleine Kerze an und stellen sie dazu.

Nach Kennenlernspielen und Singen – Liedrufe, die die Kinder schnell auswendig können, haben sich bewährt – hören die Kinder eine Geschichte, in der es um das Vertrauen eines Kindes zu seinem Vater geht: Ein Jongleur fährt es mit einer Schiebekarre über ein gespanntes Hochseil. Die dabeistehenden Menschen sind von diesem Vertrauen zutiefst bewegt und fragen das Kind, wie es kommt, dass es sich freiwillig für diese doch sehr riskante Aktion gemeldet hat. „Er ist doch mein Vater!", antwortet das Kind.

Für die Kinder im Alter der Grundschule bekommt vieles eine bewusste und sehr ausgeprägte Bedeutung und wichtigen Inhalt. Mit unvoreingenommenem Verstand und zugleich mit unvorbelasteten Gefühlen saugen sie geradezu jede neue Erkenntnis auf. Deshalb ist es sinnvoll, das Vaterunser Vers für Vers darauf zu untersuchen, was uns dieses Jesus-Gebet für heute sagen möchte. Die Kinder werden eingeladen, Beispiele aus ihrem Leben zu erzählen. Das Erzählen steht im Vordergrund. Ich mache hier die Beobachtung, dass Kinder oft zu Hause kaum ein offenes Ohr bei den unter Zeitdruck stehenden Eltern finden. Indem die Kinder aber hier ihr Leben konkret einbringen und formulieren, entsteht Gemeinschaft und das wohltuende Gefühl von Angenommensein.

Das Vaterunser mit dem Körper, mit den entsprechenden Gesten zu beten, prägt sich natürlich zum einen besser ein. Zum anderen wird es von den Kindern dadurch noch intensiver als Gemeinschaftsgebet empfunden: Sie erleben sich selbst beim Beten und zugleich die anderen. Die Berührung der Hände beim Vers „wie auch wir vergeben unseren Schuldigern" ist dabei normal; Kinder haben noch nicht die Berührungsängste der Erwachsenen.

Zur Vertiefung kleben die Kinder das Vaterunser als Puzzle allein oder in Partnerarbeit auf einem großen Bogen Papier zusammen. Die Blumengirlande an beiden Seiten ist einerseits eine Kontrolle, ob die Reihenfolge stimmt, andererseits malen die Kinder diese grafischen Schmuck gern aus.

Um diesen guten, himmlischen Vater geht es, wenn wir in der Kirche Zeichen suchen, die uns etwas von diesem treuen und uns nie verlassenden Vater zeigen. In einer kleinen Rallye erspüren die Kinder den Kirchenraum, entwickeln gleichsam eine neue geistliche Heimat und entdecken in den vielen Zeichen Gottes Gegenwart.

In einem Abschlussgottesdienst von etwa 15 Minuten wird zu Beginn gesungen, ich bete langsam ein Gebet vor, das die Kinder Vers für Vers nachbeten. Bei den Fürbitten sind die Kinder eingeladen, in der Stille ihres Herzens für jemanden zu beten; dafür zünden sie an der Jesuskerze ein Opferlicht an, das sie auf den Altar stellen. Eigenartigerweise sind dabei die Kinder jedes Mal still; sie warten in Ruhe, bis alle ein Opferlicht angezündet haben. Hand in Hand singen wir das Vaterunser mit den Gesten, verneigen uns zum Altar hin, zu Jesus, der uns das Vaterunser-Gebet geschenkt hat und gehen ruhig aus der Kirche.

Die Frage nach Sünde und Schuld erhält mit diesem Treffen bereits einen wichtigen Impuls im Blick auf die Vorbereitung auf die Erstkommunion in einem Jahr. Hier wird dieses hilfreiche Lebensthema schon einmal beleuchtet. Ob Kinder oder Erwachsene – niemand ist ohne Sünde. Jesus möchte uns helfen, damit gut umzugehen, ohne dabei unterzugehen. Im Gegenteil: Die Zeichen – wie z. B. die Handauflegung – zeigen uns Gottes Schutz und seine liebende Nähe.

Ablauf des Vaterunser-Samstags

Vorbereitung
- Namensschilder, Liederhefte oder Liedzettel, Gitarre, Vaterunser-Puzzle
- Geschichte „Es ist ja mein Vater"
- Vaterunser-Leporello
- Plakat, Stifte
- Kressesamen, Tonteller mit Erde
- Geschichte „Das weiße Band am Apfelbaum"
- Schüssel mit Süßigkeiten, z.B. Gummibärchen
- Material zum Gestalten eines Gebetswürfels, Modelliermasse
  (Hinweise zu den Materialien siehe auch im Anhang)
- für das Mittagessen: Saft, Nudeln, Pesto oder Soße, Joghurt
- für den Gottesdienst: farbige Tücher, kleine rote Kerzen

▶ **Begrüßung, Lieder, Kennenlernspiele:**
- Namensschilder
- Lieder zur Auswahl:
  Lasst uns miteinander (in: Troubadour für Gott, Nr. 152)
  Wenn ich Vater sage
  Gott, wir rufen deinen Namen an
  Gott, dein guter Segen
  Vergiss es nie
  Halte zu mir guter Gott
  Laudato si
- Kennenlernspiele zur Auswahl:
  Hallo, hallo, schön dass du da bist
  Tom sitzt in der Küche mit Tina
  Elefantenwäsche
  Pizza backen
  Zip Zap
  Zuzwinkern
  Mein rechter Platz ist frei

▶ **Einstieg ins Thema**

Was ist Gebet? Welche Gebete kenne ich?

Es kommt nicht auf die vielen Worte an, sondern auf die Körperhaltung und auf die innere Haltung.

▶ **Vaterunser-Puzzle in Kleingruppen**

Die Kinder bekommen ein DIN-A3-Blatt, auf dem das Vaterunser geschrieben steht. Dieses Blatt ist auseinandergeschnitten – jede Bitte steht für sich.

Die Kinder sollen nun das Gebet in der richtigen Reihenfolge zusammenpuzzeln. Eine Blumenranke am Rand des Blattes hilft den Kindern bei der Orientierung.

▶ **Vaterunser-Stationenlauf**

Die einzelnen Vaterunser-Abschnitte werden an verschiedenen Orten vertieft.

Vater unser im Himmel

Ort: Gruppenraum

- Warum „Vater"?
- Wir alle sind „Kinder Gottes".
- Wie stellen wir uns Gott vor: Vater, Mutter …?
- Geschichte „Es ist ja mein Vater"
- Bild malen auf dem Vaterunser-Leporello

Geheiligt werde dein Name.

Ort: Altar in der Kirche

- Der Altar in der Kirche steht für „heilig".
- Was ist „heilig"?
- Den Altar entdecken: Was steht auf dem Altar beim Gottesdienst:
  Wort Gottes (Evangeliar), Kerzen, Kreuz …

Dein Reich komme.

Ort: Foyer Gemeindehaus

- Rollenspiel: L spielt den Bürgermeister und beantwortet Fragen der Kinder, die sie an ihren Bürgermeister hätten.
- Das Reich Gottes ist „Gottes Macht".
- Auch Menschen regieren …
- Was wünschen sich Kinder vom Bürgermeister, von der Bundeskanzlerin?
- Was wünschen wir uns von Gott?
- Wir schreiben die Wünsche auf ein Plakat.

144   *Dein Wille geschehe, wie im Himmel so auf Erden.*
Ort: Garten, Feld
- Gottes Willen einpflanzen ins „Herz" eines Menschen, wie das Samenkorn in die Erde …
- Der Same des Wortes Gottes, der Liebe Gottes geht auf!
- Jedes Kind kann Kressesamen auf einen Tonteller einsäen.

Unser tägliches Brot gib uns heute
Ort: Bäckerei
- Gott sorgt für uns – wir teilen das Brot.
- Jedes Kind bekommt eine kleine Brezel, Brötchen …

Und vergib uns unsere Schuld, wie auch wir vergeben unseren Schuldigern.
Ort: Beichtraum
- Wer etwas angestellt hat, muss um Vergebung, um Entschuldigung bitten.
- Gott schenkt Versöhnung.
- Geschichte „Das weiße Band am Apfelbaum"

Und führe uns nicht in Versuchung, sondern erlöse uns von dem Bösen.
Ort: Foyer Gemeindehaus
- Süßigkeitenpyramide, große Schüssel mit Gummibärchen o. ä.
- Versuchung kann bedeuten …
- Jedes Kind bekommt etwas Süßes.

Denn dein ist das Reich und die Kraft und die Herrlichkeit in Ewigkeit. Amen.
Ort: Gruppenraum
- Wir trainieren unsere Kraft … Liegestützen, Schubkarrenfahren.
- Die Herrlichkeit Gottes erleben. Wofür können wir Gott loben?
- Ewigkeit … Friedhof – Was könnte Trauernde trösten?

▶ **Kreativeinheit**
- Gestalten eines Gebetswürfels
- Gestalten eines Symbols zum Vaterunser mit Modelliermasse

Dann folgt das Mittagessen und eine kurze Pause.

Weggottesdienst in der Kirche

- Beginn am Eingang hinten in der Kirche: Kreuzzeichen
- Prozession nach vorne, dazu Lied: *„Lasst uns miteinander"*
- kurze Einführung ins Thema „Vaterunser"
- Gebet (vorsprechen/nachsprechen)
- Hallelujaruf
- Schrifttext Mt 6,9–13 (Vom Beten, evtl. aus einer Kinderbibel)
- Hallelujaruf
- Lied: *„Wenn ich Vater sage"*
- Die Erwachsenen werden eingeladen, nach vorne zu den Kindern zu kommen
- Verschiedene Formen des Gebets mit Tüchern verdeutlichen:
  Gelb: Dank, Lob, Freude;
  Schwarz: Angst, Sorgen, Traurigkeit
  Grün: Hoffnung, Bitte
- Stille
- Persönliches Gebet, dazu Kerze an der Osterkerze entzünden und Gesang:
  „Gott, wir rufen deinen Namen an"
- Vaterunser (mit geöffneten Händen oder alle fassen sich an den Händen)
- Segensgebet
- Lied: *„Gott, dein guter Segen"*

Projekt 010: Segnung und Sendung für Viertklässler am Ende des Schuljahres

Alles hat ein Ende ... und einen zauberhaften Anfang –
Segnung und Sendung am Ende des 4. Schuljahres

Kinder im Grundschulalter entwickeln ein bewusstes Gespür für Neues: es wird immer mehr ein Teil von ihnen. Die Grundschulzeit ist eine der wichtigsten Phasen eines Menschen. Prägende Erlebnisse werden zu überlegten Erfahrungen. Die Kinder erfahren geradezu einen Schub an Ich-Werdung. Das soll und will die eigens dafür gestaltete Messe aufgreifen und feiern.

Die Kinder des vergangenen Kommunionjahrganges werden per Brief zu dieser Messfeier eingeladen. In diesem Brief werden die verschiedenen und vielen Entwicklungsschritte kurz benannt und auf das Ende der Grundschulzeit hingewiesen. Der „schulische Erntedank" ist Grund genug, Gott zu danken, dem Urheber aller Gaben. Nichts ist in unserem Leben selbstverständlich.

Der Dank für die ersten vier Schuljahre kommt in der Katechese einerseits ins Bewusstsein durch die Gestaltung mit Gegenständen aus der Grundschulzeit, andererseits durch die persönliche Segnung des einzelnen Kindes am Ende der Heiligen Messe in der Handauflegung durch den Priester. Dieser Moment ist wie eine Brücke, über die das Kind das Grundschul-Land hinter sich lässt und auf neue Wege in den nächsten Schulabschnitt gesendet wird: neue Schule, neue Mitschülerinnen und Mitschüler, neue Lehrerinnen und neue Lehrer und mit ihnen neue Eindrücke warten auf das größer und reifer werdende Kind.

Nach der Messfeier treffen sich die Kinder mit ihren Eltern und Geschwistern und anderen Gästen (z. B. Großeltern) im Pfarrheim, wo ein Brunch vorbereitet ist. Bereits im Einladungsbrief wurde auf den Brunch hingewiesen und so ergibt sich ein reichhaltiges Buffet, bei dem geschmacklich für jeden etwas dabei ist.

In dieser Pfarrgemeinde, die seit drei Jahren aus vier Kirchorten besteht, ist es schön mitzuerleben, wie sich manche Kinder ein Jahr nach ihrer gemeinsamen Erstkommunionfeier hier wiedersehen und miteinander ins Gespräch kommen. Dabei spüren sie, dass sie in einer größeren Gemeinschaft als der Schule, der Glaubensgemeinschaft, eingebunden sind, was für die meisten eine sehr wertvolle und kostbare Erfahrung bedeutet.

Ablauf der Dank-Segnung-Sendung der Viertklässler   147

▶   **Zu Beginn des Gottesdienstes am Sonntag**

Drei Personen (Schüler – Elternteil – Lehrer) geben Auskunft zu folgenden Fragen:

- Was habe ich erlebt in den vergangenen vier Jahren? Wie war das?
- Was war schön? (Symbol dazu mitbringen und vorführen: z. B. ein buntes Bild für die „gute und fröhliche Gemeinschaft")
- Was hätte ich mir mehr gewünscht? (Symbol dazu mitbringen und vorführen: z. B. eine Uhr für „mehr Zeit")

▶   **Katechese**

L erinnert anhand von einigen typischen Gegenständen aus der Grundschulzeit (z. B. Schultüte, Ranzen, Fußball, Brotdose …) an die letzten vier Jahre und vertieft damit den Lebensabschnitt im Bewusstsein.

▶   **Zum Schluss des Gottesdienstes**

Zum besonderen Segen für die Viertklässler stellt sich der Priester auf die Seite der Gemeinde. Die Kinder stehen vor dem Altar und schauen in die Gemeinde. Die Gemeindemitglieder und der Priester segnen mit erhobenen Händen die Kinder.

Im Anschluss an den Gottesdienst treffen sich die Kinder mit ihren Eltern zu einem Brunch – zu dem jeder etwas beiträgt – im Gemeindehaus.

Katholischer runder Tisch

Im Rahmen des Projekts 010, das alle Kinder im Alter von 0 bis 10 Jahren und deren Eltern anspricht, übernimmt der „Katholische runde Tisch" eine wichtige Funktion der Vernetzung. Er ist der Knotenpunkt, an dem alle Einrichtungen – aus den verschiedenen Teilgemeinden/Kirchorten – zusammentreffen, die mit den o. g. Zielgruppen auf Gemeindegebiet arbeiten.

Ziele des Katholischen runden Tisches sind vor allem folgende:
- Die tatsächliche Lebenssituation von Familien besser in den Blick nehmen, um familienorientiert zu arbeiten;
- Reflexion und Reaktion der Pfarrgemeinde über die Ergebnisse dieser Beobachtung;
- Einbeziehung der verschiedenen katholischen Einrichtungen in das Gemeindeleben;
- Profilgewinnung der Pfarrgemeinde vor Ort und in ihren Einrichtungen;
- Verbesserung der Kommunikation zwischen Pfarrgemeinde und den einzelnen Einrichtungen;
- Verbesserung der Kommunikation der Einrichtungen untereinander

Um diese Ziele umsetzen zu können, ist es wichtig, dass alle katholischen Einrichtungen im Gemeindegebiet eingeladen werden und die Ziele unterstützen.

Katholische Einrichtungen im Gemeindegebiet können z. B. sein: Spielkreise und Krabbelgruppen, Kindertageseinrichtungen und die Grundschulen. Um eine möglichst hohe Verbindlichkeit und Kooperationsbereitschaft zu erzielen, ist es wünschenswert, dass nicht irgendein Vertreter dieser Einrichtungen am Katholischen runden Tisch teilnimmt, sondern möglichst die Leiter dieser Einrichtungen anwesend sind.

Der Katholische runde Tisch sollte sich regelmäßig in möglichst gleicher Besetzung treffen. Damit aber keine neuerliche zusätzliche Flut von Terminen abschreckt, werden zwei Treffen pro Jahr angestrebt. In jedem Halbjahr ein Treffen sollte für alle Beteiligten leistbar sein.

Themen des Katholischen runden Tisches könnten sein:
- die Mitgestaltung von Pfarrfesten und der Fronleichnamsprozession durch die Einrichtungen;

- die Mitwirkung bei Schul- oder Kindergartenfesten durch die Kirchengemeinde;
- Teilnahme von Vertretern der Kirchengemeinde bei Elternabenden und Vorstellung der Kirchengemeinde;
- Angebot von katechetischen Themenabenden für Eltern und Lehrer;
- Unterstützung durch die Kirchengemeinde bei Festen und Gottesdiensten rund um das Kirchenjahr (z. B. St. Martin, Nikolaus, Erntedank, Schulgottesdienste ...)

Durch die Präsenz von Vertretern der Pfarrgemeinde in den katholischen Einrichtungen können erste Beziehungen zu Erziehern, Lehrern, Eltern und Kindern entstehen. Später können sich diese z. B. durch eine erleichterte Suche nach Katecheten in der Sakramentenpastoral positiv auswirken. Auch ist es wahrscheinlich, dass sich viele Eltern und Kinder nun eher von Angeboten der Kirchengemeinde ansprechen lassen. Denn es handelt sich nun nicht mehr um eine anonyme Kirche, sondern sie hat ein Gesicht bekommen; im besten Fall wurden bereits erste Kontakte geknüpft.

Ein weiterer positiver Aspekt besteht in einem wachsenden Gefühl der Zusammengehörigkeit der Einrichtungen untereinander. Man sieht sich nicht länger als Konkurrenz. Die Kommunikation zwischen Kindergärten und Schulen untereinander aber auch zwischen Kindergärten und Schulen wird angeregt. Erfahrungen werden ausgetauscht, man hilft sich gegenseitig. Das Miteinander wird reger und nach außen hin hilft es den Einrichtungen an Profilgewinnung.

Die Erfahrungen im Bereich des Katholischen runden Tisches sind so positiv, dass sich diese Idee weiterentwickelt und es inzwischen erste Überlegungen zu einem „Ökumenischen runden Tisch" unter Einbeziehung aller evangelischen bzw. staatlichen Einrichtungen gibt.

Tipp: Es lohnt sich, einmal eine Art Landkarte zu erstellen, auf der alle katholischen (oder katholisch geprägten) Einrichtungen verzeichnet sind. Es sind häufig mehr, als man vermutet.

ANHANG

Lieder

Dieses kleine Stück Brot

Text und Musik: Chris Herbring

1. Die-ses klei-ne Stück Brot___ in uns-ren Hän-den reicht
klei-ne Schluck Wein___ in uns-ren Be-chern, gibt
Hoffnung, die lebt___ in uns-ren Her-zen, ist

aus___ für al-le Menschen. Du ver-wandelst das Brot in
Kraft___ für al-le Menschen.
Hoffnung für die-se Welt.___

Je - su Leib,___ Du ver-wan-delst den Wein in

Je - su Blut,___ Du ver-wandelst den Tod in Auferstehn. Ver -

wand - le Du auch uns! 2. Die-ser
3. Je - de uns!

152 **Gottes guter Segen sei mit euch**

Text: Rolf Krenzer, Musik: Siegfried Fietz

1. Got - tes gu - ter Se - gen sei mit euch.
Got - tes gu - ter Se - gen sei mit euch, um euch zu
schüt-zen, um euch zu stüt - zen, auf eu - ren
We - - - - gen, um euch zu - gen.

2. Gottes guter Segen sei vor euch.
   Gottes guter Segen sei vor euch!
   ‖: Mut, um zu wagen!
   Nicht zu verzagen
   auf euren Wegen. :‖

3. Gottes guter Segen über euch.
   Gottes guter Segen über euch,
   ‖: Liebe und Treue
   immer aufs neue
   auf euren Wegen. :‖

4. Gottes guter Segen sei um euch.
   Gottes guter Segen sei um euch,
   ‖: heute und morgen
   seid ihr geborgen
   auf euren Wegen. :‖

Groß sein lässt meine Seele den Herrn

Text, Musik und Liedrechte: Martin Schraufstetter,
Schlegelstr. 4, 81369 München

Refrain

2. Denn der Starke hat Gewaltiges an mir getan
   Und sein Name leuchtet auf in herrlichem Glanz.
   Er gießt sein Erbarmen aus durch alle Erdenzeit
   Über jeden, der im Herzen Vater ihn nennt.

Refrain

3. Große Taten führt er aus mit seinem starken Arm.
   Menschen voller Stolz und Hochmut treibt er davon.
   Die, die Macht missbrauchen, stößt er hart von ihrem Thron
   Und erhebt, die niedrig sind und arm in der Welt.

154 *Refrain*

4. Hungernde lädt er zum Mahle ein an seinen Tisch,
doch mit leeren Händen schickt er Reiche nach Haus.
Seines Volkes Israel nimmt gütig er sich an,
wie er Abraham und allen Völkern verhieß.

Refrain

5. Ehre sei dem Vater, der uns einlädt in sein Reich.
Ehre sei dem Sohne, der die Liebe uns zeigt.
Ehre sei dem Geiste, der die Einheit uns verleiht,
wie im Anfang, so auch jetzt und für alle Zeit.

Refrain

Herr, füll mich neu

Text und Musik: Kommunität Gnadenthal
© Präsenz-Verlag, Gnadenthal

1. Herr, füll mich neu, füll mich neu mit dei-nem Geis-te, der mich be-lebt und zu dir, mein Gott, hin-zie-het! Hier bin ich vor dir. Leer sind mei-ne Hän-de. Herr, füll mich ganz mit dir!

2. Herr, füll mich neu, füll mich neu mit deiner Liebe,
   die bei dir bleibt und mit Freuden Lasten träget!
Refrain

3. Herr, füll mich neu, füll mich neu mit deinem Glauben,
   der auf dich schaut und in andern Glauben wecket!
Refrain

4. Herr, füll mich neu, füll mich neu mit deiner Freude,
   die überströmt und in Lob und Preis dich rühmet!
Refrain

156 In deinen Augen

Text: Friedrich Karl Barth, Peter Horst
Musik: Peter Janssens

In deinen
Au - gen kann ich schö - ner wer - den als ich bin. In deinen
Hän - den kann ich stär - ker wer - den als ich bin. In deinen
Ar - men kann ich frei - er wer - den als ich bin. In deinem
We - sen kann ich stil - ler wer - den als ich bin. In deinen
Wor - ten kann ich rei - fer wer - den als ich bin, ein
Se - gen, ein Se - gen. In deinen

Schweige und höre

Text: 1. Str. P. Michael Hermes (nach der Benediktregel),
2. Str. Franz-Reinhard Daffner, Musik: aus England

Kanon zu 3 Stimmen

1. Schwei - ge und hö - re, nei - ge dei - nes
2. Ich will dir dan - ken, weil du mei - nen

Her - zens Ohr! Su - che den Frie - den!
Na - men kennst, Gott mei - nes Le - bens.

158   **Von allen Seiten umgibst du mich**

Text: Eugen Eckert (nach Psalm 139)
Musik: Thorsten Hampel

1. Ob ich sit-ze o-der ste - he, ob ich lie-ge o-der
ge-he,_____ bist du, Gott, bist du, Gott, bei mir._____

Ob ich schla-fe o-der wa - che, ob ich wei-ne o-der
la-che,_____ bleibst du, Gott, bleibst du, Gott, bei mir._____

Refrain
Von al-len Sei-ten um-gibst du mich und hältst dei-ne
Hand ü-ber mir; und hältst dei-ne Hand ü-ber mir.

2. Dass ich wachse, blühe, reife, dass ich lerne und begreife, bist du, Gott, bei mir.
   Dass ich finde, wenn ich suche, dass ich segne, nicht verfluche, bleibst du, Gott,
   bei mir.
Refrain

3. Wo ich sitze oder stehe, wo ich liege oder gehe, bist du, Gott, bei mir.
   Dass ich dein bin, nicht verderbe, ob ich lebe oder sterbe, bleibst du, Gott, bei mir.
Refrain

Wie ein Fest nach langer Trauer

Text: Jürgen Werth, Musik: Johannes Nitsch
© 1988 SCM Hänssler, 71087 Holzgerlingen

1. Wie ein Fest nach lan-ger Trau-er, wie ein Feu-er in der Nacht, ein offnes Tor in ei-ner Mau-er, für die Son-ne auf-ge - macht. Wie ein Brief nach lan-gem Schwei-gen, wie ein un-ver-hoff-ter Gruß, wie ein Blatt an to-ten Zwei-gen, ein „Ich - mag - dich - trotz - dem - Kuss". So ist Ver - söh - nung. So muss der wah-re Frie-den sein. So ist Ver - söh - nung. So ist Ver - ge-ben und Ver - zeihn.

Refrain

1. So ist Ver -
2. Wie ein

160

2. Wie ein Regen in der Wüste, frischer Tau auf dürrem Land,
   Heimatklänge für Vermisste, alte Feinde, Hand in Hand.
   Wie ein Schlüssel im Gefängnis, wie in Seenot „Land in Sicht",
   wie ein Weg aus der Bedrängnis, wie ein strahlendes Gesicht.
   Refrain

3. Wie ein Wort von toten Lippen, wie ein Blick, der Hoffnung weckt,
   wie ein Licht auf steilen Klippen, wie ein Erdteil, neu entdeckt.
   Wie der Frühling, wie der Morgen; wie ein Lied, wie ein Gedicht,
   wie das Leben, wie die Liebe; wie Gott selbst, das wahre Licht.
   Refrain

Wir preisen deinen Tod

Text: Christine Gaud, Übersetzung: Diethard Zils
Melodie: Michel Ambroise, Wackenheim
aus: Mein Kanonbuch, 1986

Hinweise zu den weiteren Liedvorschlägen:

Das wünsch ich sehr
Text: Kurt Rose, Melodie: Detlev Jöcker
in: Liedspielheft und MC „Licht auf meinem Weg", Menschenkinder Verlag, Münster

Der Himmel geht über allen auf
in: Troubadour für Gott, Nr. 785

Du hast uns deine Welt geschenkt
Text: Rolf Krenzer, Melodie: Detlev Jöcker
in: Liedspielheft und MC „Heut ist ein Tag, an dem ich singen kann", Menschenkinder Verlag, Münster

Effata, öffne dich
Text und Melodie: Franz Kett
In: Religionspädagogische Praxis. Handreichung für elementare Religionspädagogik, 1987, Nr. IV, RPA-Verlag, Landshut

Gib von deinem Leben ab
Text: Josef Reding, Musik: Reinhard Horn
in: LP/MC „Arme haben keine Lobby", KONTAKTE Musikverlag, Lippstadt

Gott, dein guter Segen
Text: Reinhard Bäcker, Melodie: Detlev Jöcker
in: Liedspielheft und MC „Heut ist ein Tag, an dem ich singen kann", Menschenkinder Verlag, Münster

Gottes Liebe ist so wunderbar
Text: mündlich überliefert, Melodie: Spiritual
in: Schwerter Liederbuch, Singt dem Herrn, Verlag BDKJ

Gottes Liebe ist wie die Sonne
in: Troubadour für Gott, Nr. 5

Gottheit tief verborgen
in: Gotteslob Nr. 546

Hallelujarufe
in: Gotteslob Nr. 530 und 531

Halte zu mir guter Gott
Text: Rolf Krenzer, Melodie: Ludger Edelkötter
in: Halte zu mir heute, Impulse-Musikverlag, Drensteinfurt

Herr, bist du unter uns
deutscher Text: Graziamariae Schuster, Musik: Gino Paoli nach dem ital. Schlager „Il Cielo in Una Stanza"
in: Du schenkst uns die Freude. Liederbuch, Verlag Neue Stadt

Herr, ich komme zu dir
Text und Musik: Albert Frey
in: Immanuel Lobpreiswerkstatt, Die besten Songs 2, Hänssler-Verlag 1992, D-71087 Holzgerlingen
für Immanuel Music, Ravensburg

162

Herr, wir bringen in Brot und Wein
in: Gotteslob Nr. 534 (nur Kehrvers)
in: Troubadour für Gott, Nr. 213 (mit Strophen)

Ich steh vor dir mit leeren Händen
in: Gotteslob Nr. 621

Ich trage einen Namen
Text: Rolf Krenzer, Melodie: Peter Janssens
in: Ich schenk dir einen Sonnenstrahl, Peter Janssens Musikverlag, Telgte 1985

Kindermutmachlied
in: Troubadour für Gott, Nr. 929

Lasst uns miteinander (Kanon)
in: Troubadour für Gott, Nr. 152

Laudato si
in: Troubadour für Gott, Nr. 141

Unser Beten steige auf zu dir
in: Liederbuch „Nachklänge", hrsg. v. Patrick Dehm im Auftrag des „Arbeitskreis Kirchenmusik und Jugendseelsorge im Bistum Limburg", Schwaben Verlag

Vergiss es nie
in: Troubadour für Gott, Nr. 777
in: Alive, Nr. 43

Vom Aufgang der Sonne (Kanon)
in: Troubadour für Gott, Nr. 136

Wenn das Brot, das wir teilen
in: Troubadour für Gott, Nr. 193

Wenn ich Vater sage
Text: Hanna Neubauer, Melodie: Franz Kett
in: „Heute noch muss ich in Deinem Haus zu Gast sein", Lieder zur gleichnamigen Erstkommunionkatechese, RPA-Verlag, Landshut

Wenn wir das Leben teilen wie das täglich Brot
Text: Hans Florenz, Melodie: Michel Ambroise Wackenheim
in: Alive, Nr. 157

Wir fangen an fröhlich zu sein
Text: Rolf Krenzer, Melodie: Detlev und Lele Jöcker
in: Liedspielheft und MC „Und sie fingen an fröhlich zu sein", Menschenkinder Verlag, Münster

Wir feiern heut ein Fest
in: Troubadour für Gott, Nr. 1047

Wo zwei oder drei
Text: Mt 18,20, Melodie: Jesus-Bruderschaft Gnadenthal
in: mosaik. Lieder der Jesus-Bruderschaft Gnadenthal, Präsenz Kunst & Buch, Hünfelden
in: Troubadour für Gott, Nr. 95

Material

▶ **Liederbücher**

Troubadour für Gott. Neue Geistliche Lieder, Kolping-Bildungswerk, Diözesanverband Würzburg e.V., 6., erweiterte Auflage 1999

Alive. Das ökumenische Jugendliederbuch für Schule und Gemeinde, Claudius Verlag, München 2008

God for You(th). Das Benediktbeurer Liederbuch, Don Bosco Medien GmbH, München 2009

Gotteslob. Katholisches Gebet- und Gesangbuch

▶ **Texte und Bilder**

Bild „Jesus und die Kinder" (sowie weitere biblische Ausmalbilder)
Aus: Brandt, Susanne/Nommensen, Klaus-Uwe, Kinderkirche zu biblischen Geschichten, Don Bosco Medien GmbH, München 2009
als farbige Abbildung auch in den Mini-Büchern:
Brandt, Susanne/Nommensen, Klaus-Uwe, Kinder begegnen Jesus. Sieben Geschichten von Jesus, Don Bosco, München 2009:
Jesus segnet die Kinder, Der Sturm auf dem See, Auf dem Weg nach Emmaus, Jesus und Bartimäus, Maria und Elisabet, Jesus wird geboren, Die Samariterin am Brunnen (auch einzeln erhältlich)

Geschichte „Jeder ist eine Blüte"
Aus: Allert-Wybranietz, Kristiane; Kübler, Roland u.a., Die Farben der Wirklichkeit. Ein Märchenbuch, Lucy Körner Verlag

Geschichte der „Hl. Elisabeth von Thüringen"
Aus: Schauber, Vera/Schindler, Michael, Mein großes Buch der Heiligen und Namenspatrone, Bernward bei Don Bosco, München 2004

Geschichte „Brot, das anders schmeckt" von Jèsus Hernández Aristu
Aus: Katechetische Blätter 3/1996, Kösel Verlag, München

Geschichte „Es ist ja mein Vater"
Aus: Hoffsümmer, Willi (Hrsg.), Kurzgeschichten 1, Matthias-Grünewald-Verlag

Geschichte „Das weiße Band am Apfelbaum"

Aus: Durch das Jahr – durch das Leben. Hausbuch der christlichen Familie, Kösel
Verlag, München

Vaterunser-Leporello

Bestellnr. 6043 bei: Deutsches Liturgisches Institut, Postfach 2628, D- 54216 Trier

Bild „Der Mund kann lachen"

Aus: Köder, Sieger, Biblische Bilder – Landschaften – Harlekine, © 1995 Schwabenverlag AG, Ostfildern
als Postkarte Bestellnr. SK 226, bei: Buchverlag der Schwabenverlag AG, Postfach
4280, D-73745 Ostfildern
oder als Andachts-, Meditationsbild Bestellnr. 929 D, bei: Kunstverlag Ver Sacrum,
Schulergasse 1, D-72108 Rottenburg a. N.

Bild „Der Engel Gabriel bei Maria"

Aus: Fischer, Hans; Kett, Franz, Mein Bibelmalbuch NT, RPA-Verlag, Landshut

Autorinnen und Autor

Dr. Christian Hennecke, Regens des Priesterseminars Hildesheim, wegweisende Veröffentlichungen zu den Themen „pastoraler Strukturwandel", „Sakramentenpastoral" und „Katechumenat".

Angelika Röde, Christine Petrowski und **Kerstin Knöchelmann** sind pastorale Mitarbeiterinnen in umstrukturierten Großpfarreien des Bistums Hildesheim, tätig in der Kinder- und Jugendseelsorge.

Lebendige Kinderkirche

Martin Göth u.a.
Neues aus unserer Kigo-Werkstatt
232 Seiten, kartoniert,
mit zahlreichen Abbildungen und Liedern
ISBN 978-3-7698-1696-9

33 komplette Kindergottesdienstmodelle – einfallsreich, kindgerecht und praxis-
erprobt. Alle, die in Grundschule und Pfarrgemeinde Gottesdienste vorbereiten,
finden hier neue und originelle Ideen.

Praxishilfe zur Firmvorbereitung

Benedikt Friedrich OSB
Handbuch Firmvorbereitung
Ein Leitfaden für Begleiter/innen
176 Seiten, kartoniert, Fotos
ISBN 978-3-7698-1757-7

- Erprobte Praxishilfen zur Firmvorbereitung:
- Tipps zur Organisation in größeren Seelsorgeeinheiten
- Umfassende Begleitung der Firmbegleiter/innen
- Antworten auf FAQs der Jugendlichen zu Firmung, Glaube, Religion
- Erprobte Stundenkonzepte
- Checklisten für alle Aufgaben während einer Firmvorbereitung
- Fundiertes Grundwissen zum Thema Firmung, Kirche, Heiliger Geist

Benedikt Friedrich OSB
angesteckt und aufgeweckt
Der Fächer zur Firmung
30 Blätter beidseitig bedruckt,
mit Niete fixiert, mit Freundschaftsbändchen
EAN 426017951 017 5

Origineller Fächer für Jugendliche in motivierender Gestaltung – ideal als Geschenk oder als Ergänzung zur Firmvorbereitung

LEBENDIG. KREATIV. PRAXISNAH.   **DON BOSCO**

Jesus + ich = Freunde

Mein Erstkommunionfächer
Herausgegeben von Gregor Gugala
30 Blätter beidseitig bedruckt,
mit Niete fixiert, mit Freundschaftsbändchen
EAN 426017951 001 4

Ein originelles Geschenk, das Kinder
begeistern wird: In liebevoller und
persönlicher Weise erzählt der bunte
Fächer, was Kinder in ihren Vorbereitungsgruppen über die Gemeinschaft mit Jesus
lernen. „Jesus ist immer dein Freund" – so lautet die zentrale Botschaft, die sich mit
jedem Fächerblatt neu entfaltet und im beigelegten Freundschaftsbändchen fröhlich
zum Tragen kommt.

Freundschaftsbändchen mit dem Motiv
„Jesus+ich=Freunde"
Für Kommuniongruppen
VPE: 10 Exemplare im Beutel
EAN 426017951 000 7

LEBENDIG. KREATIV. PRAXISNAH.